DR. THOMAS SPÄTH / SHI YAN BAO

Mitarbeit: Petra Kunze

Shaolin
Das Geheimnis der inneren Stärke

Inhalt

Selbst-bewusstsein gewinnen

Den Körper kräftigen

Unser Umgang mit anderen

Alles zu seiner Zeit

Wie aus Krisen Chancen werden

Zum Nachschlagen

Wenn der Wind der Veränderung weht,
bauen die einen Mauern
und die anderen Windmühlen.

[Chinesisches Sprichwort]

Vorwort

Vorwort

Welche Wesensmerkmale machen einen krisenfesten Menschen aus, der seinen Weg mit innerer Stärke geht und sich von den wechselnden
Winden des Lebens nicht aufhalten lässt? Wir
zeigen Ihnen anhand der Philosophie der Shaolin-
Mönche, welche Eigenschaften Sie entwickeln
und kultivieren können, um gelassen durch kleine
und große Krisen zu gehen und ein zufriedeneres
Leben zu führen.

Sie lernen das Geheimnis der Shaolin-Mönche
kennen, deren Wissen und Bewusstsein über das
mentale Potenzial sie unbesiegbar macht. Wir
vermitteln Ihnen Shaolin-Strategien und -Übun-
gen, mit denen Sie Windmühlen bauen lernen
und dadurch krisenfester werden – und das auf
geistiger, emotionaler und körperlicher Ebene. So
werden Sie an innerer Stärke gewinnen und die
wechselnden Winde des Lebens, den Wind der
Veränderung, für Ihren persönlichen Energiege-
winn nutzen können.

Dr. Thomas Späth und Shi Yan Bao

Was
Menschen wirklich
stark macht

1

→ Sie können mit der Kehle einer Speerspitze
widerstehen oder sich mit einer Eisenstange
schlagen, ohne sichtbare Spuren zu zeigen
oder Schmerzen zu empfinden: Shaolin-
Mönche demonstrieren, wozu Menschen fähig
sind, wenn sie ihren Körper und ihren Geist
trainieren. Ihr Erfolgsrezept lässt sich auch auf
unseren Kulturkreis übertragen, damit auch
wir widerstandsfähig und stark die Krisen des
Alltags und des Lebens meistern können.

Das Geheimnis
der Shaolin-Mönche

In der westlichen Welt wurde Shaolin zunächst als »Kung Fu« über Spielfilme, sogenannte »Eastern«, bekannt, in denen Bruce Lee oder Jackie Chan ihr Können zeigten. Heutzutage beeindrucken eher die öffentlichen Aufführungen von Shaolin-Mönchen, in denen die Kämpfer mit Nadeln Glasscheiben durchwerfen oder gusseiserne Stangen auf dem Schädel zertrümmern. Was aber steckt hinter dieser Kampfkunst?

Der Begriff Shaolin nimmt Bezug auf das chinesische Kloster Shaolin, was »Waldkloster« (»lin« heißt »Wald«) am Berg Shaoshi bedeutet, und bezeichnet eine buddhistische Lebensphilosophie, die auf Geistes- und Körpertraining basiert. Die geistige und ethische Grundlage für die Shaolin-Philosophie ist der Chan-Buddhismus, der in Japan später zum Zen-Buddhismus wurde. Ziel ist die Entwicklung innerer Stärke, um dadurch letztendlich die Befreiung von Leid und den Weg zum Glück zu finden. Die Entwicklung innerer Stärke soll aber nicht nur der eigenen Befreiung dienen, sondern auch bei der Befreiung aller fühlenden Wesen mithelfen. Dieser altruistischen Ausrichtung dienen die Shaolin-Mönche, indem sie ihren Geist und ihren Körper stark machen und ihr Wissen weitergeben. Shaolin Kung Fu ist die aus diesem Geistes- und Körpertraining im Kloster entwickelte Kampfkunst.

Wenn wir in diesem Buch von Shaolin-Mönchen sprechen, meinen wir übrigens auch Shaolin-Nonnen. Das Yong-Tai-Kloster, in unmittelbarer Nähe zum Kloster der Shaolin-Mönche, ist ein reines Nonnenkloster. In der einzigen reinen Mädchenschule für Kung Fu in China trainieren 70 chinesische Mädchen und werden zu Kung-Fu-Kämpferinnen ausgebildet.

Übungen mit langer Tradition

Glaubt man der Legende, wurden die Mönche des chinesischen
Shaolin-Klosters ursprünglich in Kampftechniken ausgebildet, um
Raubüberfälle abzuwehren. Im 8. Jahrhundert kam der buddhistische
Gelehrte Bodhidharma aus Indien zum Kloster. Durch ihn inspiriert,
wurden die Kampftechniken zum Kung Fu weiterentwickelt und die
altüberlieferten taoistischen Energie-Übungen des Taijiquan und
Qigong einbezogen, um die Mönche bei ihrem viele Stunden dauern-
den Geistestraining (Meditation und Mentaltraining) zu unterstützen.
Was entstand, war eine Mischung aus Körper- und Energieübungen,
Geistestraining, buddhistischer Weisheitslehre und verschiedenen
Atemtechniken – die Kunst des Shaolin, die Selbstdisziplin, Hingabe,
altruistisches Verhalten, körperliche und innere Stärke verbessert.

Eine Philosophie der Stärke

Yan Bao, der an diesem Buch mitwirkte, ist Großmeister des Shaolin,
einer von nur ganz wenigen weltweit. Der Mönch der 34. Generation
lebte selbst fast 30 Jahre im Kloster und ist einer der besten Kung-Fu-
Kämpfer der Erde. Nachdem er viele Jahre als Kung-Fu-Trainer der
Shaolin-Mönche tätig war, reiste er durch die Welt, um die Shaolin-
Techniken zu lehren.
Stellt man Yan Bao die Frage nach dem Geheimnis der Shaolin-Mönche,
so gibt er eine einfache Antwort: »Du musst den Geist und den Körper
stark machen.« Bei ihm gelingt das so gut, dass er sich zum Beispiel
eine Gusseisenstange auf den Kopf schlägt, die dann in tausend Stücke
zerspringt (die Stange, nicht sein Kopf!). Wie Drucktests gezeigt haben,
sind solche Schläge auf den Schädel so stark, dass dabei Platzwunden
entstehen und Knochen brechen müssten. Nicht so bei Yan Bao und
anderen Shaolin-Meistern: Ihnen wird – im wahrsten Sinne des

Wortes – nicht mal ein Haar gekrümmt. Das ist mit unserem Verstand nicht erklärbar, schon gar nicht naturwissenschaftlich. Und doch ist es so, es ist keine Zauberei, sondern Realität. Diese Tatsache erklären die Shaolin-Meister wie Yan Bao mit dem schnellen Sammeln und Bündeln (Fokussieren) von Energie in einem beliebigen Punkt des Körpers. Eine Fähigkeit, die grundsätzlich jeder Mensch besitzt, wenn er bereit ist, hierfür besondere Übungen für Geist und Körper zu erlernen und diese regelmäßig anzuwenden. In diesem Buch werden wir Ihnen einige solcher Übungen vorstellen.

Nun ist es natürlich nicht das Ziel Normalsterblicher zu lernen, sich eine Eisenstange auf den Kopf zu schlagen und dabei unverletzt zu bleiben, oder – eine andere Übung der Shaolin-Mönche – sich zwei Speere in den Hals zu rammen, ohne Wunden davonzutragen. Doch wenn wir etwas von dieser enormen inneren Kraft entwickeln könnten, würden auch wir in vielerlei Hinsicht profitieren. Wir könnten diese Kraft für unsere Ziele nutzen.

Stark auf ganzer Linie

Das Training der Shaolin-Mönche entspricht einem ganzheitlichen Konzept, das die Zusammenhänge von Körper und Geist berücksichtigt und alle Bereiche des menschlichen Lebens umfasst. Die jahrtausendealte Lehre deckt sich zudem in verblüffender Weise mit Erkenntnissen der modernen Wissenschaften. Ob Gehirnforschung, Ernährungswissenschaften, Medizin, Verhaltensbiologie oder Positive Psychologie – was in den letzten paar Jahrzehnten an westlichen Instituten erforscht wurde, praktizieren Shaolin-Mönche seit Jahrtausenden. Ihnen genügt als Beleg für die Richtigkeit ihres Tuns das, was am Ende dabei herauskommt: ein Mensch mit kräftigem, vitalem Körper, der seine Gedanken kontrollieren kann, zufrieden ist und über sein Leben weitgehend selbst bestimmt.

>> Du bist dein eigener **Herr** und **Meister**.
Deine **eigene Zukunft**
hängt von **dir selbst** ab. <<

[Buddha]

Zu diesem Erfolgsmodell gehören die folgenden Faktoren:

Ernährung

Die Ernährung der Shaolin-Mönche deckt sich im Wesentlichen mit den Empfehlungen der Deutschen Gesellschaft für Ernährung. Die Grundregeln sind bekannt: So viel wie möglich Gemüse, Salat, Getreideprodukte (je weniger ausgemahlen, desto besser), Hülsenfrüchte und Obst essen, reichlich Wasser trinken, wenig Fleisch und so wenig Fett und Zucker wie möglich – vor allem auch nicht zu viel essen.

Bewegung

Statt Sport praktizieren die buddhistischen Mönche, neben Kung-Fu, in erster Linie Qigong. Die Übungen erhöhen gezielt die Lebensenergie, das Qi, und bringen diese Energie in Fluss – was übersetzt »Gong« bedeutet. Sie finden einige Beispiele für Qigong-Übungen im Kapitel »Den Körper kräftigen« ab Seite 97 sowie weiterführende Literatur auf Seite 156.

Entspannung und Schlaf

Wichtig für Geist und Körper ist gemäß Shaolin-Philosophie auch ausreichend Schlaf. 7,5 Stunden pro Nacht empfiehlt die moderne Schlaf- und Gehirnforschung. Tagsüber sind außerdem immer wieder kurze Entspannungsphasen (Pausen) wichtig. Vor allem Menschen, die viel und schnell arbeiten, sollten jede Stunde einige Minuten abschalten und entspannen. Auch diese Empfehlungen decken sich mit den Erkenntnissen der modernen Gehirnforschung. Zum Abschalten und Entspannen dienen den Mönchen Übungen und Meditationen, von denen ebenfalls einige in diesem Buch vorgestellt werden.

Geistestraining und Meditation

Ziel des Shaolin-Geistestrainings, zu dem Meditationen und Mental-training gehören, ist zunächst die – im positiven Sinne – Kontrolle der Gedanken, denn negative Gedanken sind die Hauptursache von Leid (siehe Seite 17 und 23). Durch die Sammlung und gezielte Aus-richtung unserer Gedanken mittels der Vorstellungs- beziehungsweise Imaginationsfähigkeit lernen wir dann, Kraft aufzubauen und zu lenken. Mit Methoden des Shaolin-Geistestrainings werden wir uns in diesem Buch ausführlich beschäftigen.

>> **Mit** unseren **Gedanken** **formen** wir die **Welt.** <<

[Buddha]

Atmung

Über die Atmung können wir weit mehr beeinflussen, als den meis-ten Menschen bewusst ist. Dabei ist die tiefe Bauchatmung (Zwerch-fellatmung) wichtig. Eine ideale Verbindung von Bewegung, Ent-spannung, Geistestraining und Atmung findet sich im Qigong (mit Atmung und Qigong beschäftigen wir uns ausführlich in Kapitel 6).

Veränderung
ermöglichen

Jeder von uns kann mit den Shaolin-Übungen mehr Energie und
Kraft entwickeln. Voraussetzung ist, dass wir das wirklich wollen und
dadurch bereit sind für eine Veränderung. Dafür müssen wir natür-
lich auch etwas tun, denn Veränderungen passieren nicht von selbst.
Das wichtigste Zugpferd bei einer Veränderung ist die gefühlte
Attraktivität des »Nachher«, also des Ziels (Fokus 1 in der folgenden
Abbildung).

Da wir oft aber nicht wissen, wie sich das »Nachher« anfühlt, brauchen
wir unsere Kraft der Vorstellung, mit der wir das »Nachher« fokussieren können. Je besser sich diese Vorstellung anfühlt (oder je schmerz-
hafter das »Vorher«, also die gegenwärtige Situation ist), desto eher

VERÄNDERUNG ERMÖGLICHEN
oder: Wie rollen wir das Ei über den Berg?

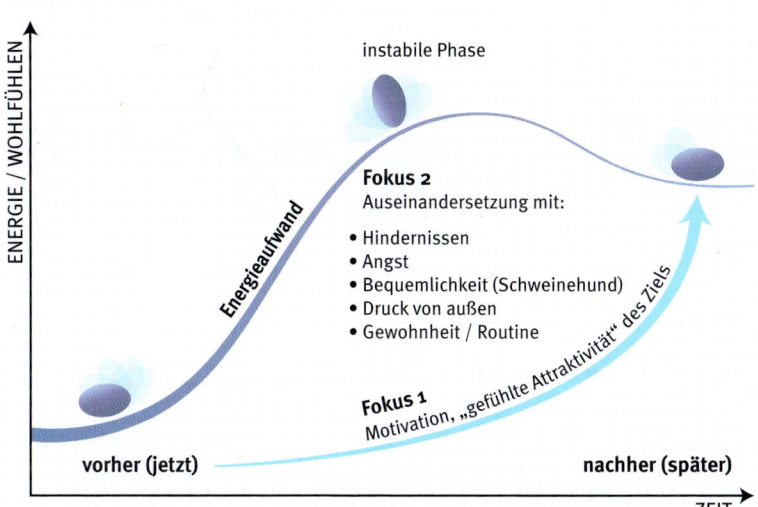

sind wir bereit, die Hindernisse (Fokus 2 in der Abbildung) zu überwinden. Dazu müssen wir Energie investieren (in der Abbildung: das
Ei nach oben rollen).

Wollen wir zum Beispiel abnehmen, ist zunächst das Wichtigste, sich das
attraktive Gefühl vorzustellen, wie sich ein leichterer (schlankerer)
Körper anfühlt (Fokus 1: gefühlte Attraktivität). Damit wird der
eigentliche Veränderungsschritt erleichtert, nämlich das Investieren
von Energie (Fokus 2: Hindernisse) in eine veränderte Ernährung
und/oder mehr Bewegung.

Hindernisse annehmen und überwinden

Auf neuen Wegen begegnen uns meist Hindernisse und Widerstände
(Fokus 2 in der Abbildung). Diese können ganz unterschiedlicher
Natur sein. Da ist zum einen unser innerer Schweinehund, unsere
Bequemlichkeit, die uns daran hindern kann, uns aufzuraffen und
noch Vokabeln zu lernen oder unsere Achtsamkeitsübungen zu
machen. Schließlich sind wir doch schon reichlich müde nach einem
anstrengenden Tag. Da wäre es doch viel angenehmer, vor dem
Fernsehapparat zu sitzen und einen netten Film anzusehen.

Auch unser Umfeld, die Familie oder Freunde, können mit unseren neuen
Vorhaben unzufrieden sein, weil wir ihnen weniger Zeit schenken als
zuvor. Manchmal stehen uns auch Ängste im Weg, vielleicht die Angst
vor Veränderungen oder vor möglichen Gefahren. Doch Hindernisse
lassen sich überwinden.

Die positive Seite der Hindernisse

Wichtig ist zunächst, dass wir die Hindernisse annehmen und ernst
nehmen und nicht nach der Devise handeln: Augen zu und durch!
Das geht meistens nicht gut. Besser ist es, nach der positiven Absicht

dahinter zu fragen. So hat Angst auch eine Schutzfunktion in dem Sinne, dass wir uns nicht überfordern oder Gefahren unterschätzen. Wenn wir beispielsweise Angst haben, einen steilen Berggrat zu gehen, soll uns das davor schützen, leichtsinnig und übermütig loszugehen. Und welchen Nutzen hat unsere Bequemlichkeit? Sie schützt uns zum Beispiel davor, zu viel Energie zu verbrauchen, und hilft uns, unsere Kräfte zu schonen und uns zu regenerieren. Und da jede Veränderung zunächst einmal Energie kostet, bevor sie unsere Energie vermehren kann, bewegt uns dieser Schutzmechanismus erst einmal zum Innehalten.

Tauchen Hindernisse auf, können wir versuchen, ihre positiven Aspekte einzubinden in unser Vorhaben: Den Schutzfaktor »Angst« etwa, indem wir die Veränderung langsam, bedacht und vorsichtig planen, bevor wir loslegen; den Wohlfühlfaktor »Bequemlichkeit« durch immer wieder achtsames Innehalten auf dem Weg der Umsetzung, damit wir nicht tatsächlich zu viel Energie verbrauchen. Hindernisse aus dem Umfeld können wir überwinden, indem wir etwa unserer Familie erklären, warum wir regelmäßig üben wollen – und dass sie vielleicht auch davon profitiert, wenn wir innerlich ruhiger und ausgeglichener sind.

Die Kraft der Vorstellung

Um mit Hindernissen besser umgehen zu können und Veränderungen zuzulassen, hilft uns also die gefühlte Attraktivität, eine klare Motivation, ein starkes positives Gefühl für das, was uns danach erwartet. Hier kommt Imagination, die Kraft der Vorstellung, ins Spiel. Je deutlicher wir uns vorstellen können, wie wir uns fühlen, wenn wir unser Ziel erreicht haben, wo wir uns dann sehen und wie sich unser Leben zum Positiven verändert haben wird, umso größer ist unser Antrieb, die notwendigen Schritte zu gehen, die Mühen auf uns zu nehmen und die Hindernisse aus dem Weg zu räumen. Wie Sie

Ihre Fähigkeit zur Imagination trainieren können, erfahren Sie auf den Seiten 18–19.

Mentale Power entwickeln

Das größte Geheimnis der Shaolin-Mönche besteht für uns in der besonderen Kraft, die sie aus der Beherrschung ihrer Gedanken beziehen. Dahinter steckt ein grundlegender Unterschied zwischen östlicher und westlicher Mentalität. Nimmt der abendländisch geprägte Mensch seine Gedanken normalerweise sehr ernst und neigt dazu, sich damit zu identifizieren (»Ich denke, also bin ich.«), sieht ein östlich sozialisierter Mensch seine Gedanken als nicht so wichtig an. Buddhisten haben die Einstellung, dass Gedanken kommen und gehen, dass sie wie Wolken am Himmel vorüberziehen und deshalb auch nicht so ernst genommen werden müssen.

Zudem können wir lernen, unsere Gedanken zu kontrollieren und sie für unsere Ziele zu nutzen. Das geschieht in drei Schritten.

1. Sich die Gedanken bewusst machen

Zunächst sollten wir uns die Tatsache bewusst machen, dass wir ständig denken. Normalerweise schweifen unsere Gedanken unbewusst in alle möglichen Richtungen ab. Nicht gemeint sind hierbei die Gedanken, die wir bewusst denken, die uns helfen, unser Leben zu organisieren, unsere Arbeit zu machen, zu planen, zu analysieren, zu reflektieren. Wir sprechen hier von dem unbewussten gedanklichen Hintergrundrauschen, das wir ähnlich einem Kühlschrank, der irgendwo im Hintergrund brummt, irgendwann gar nicht mehr wahrnehmen. Schätzungsweise sind es etwa 40.000 bis 60.000 Gedanken, die uns Tag für Tag durch den Kopf gehen, von denen sich aber 90 Prozent immer wieder um das Gleiche drehen. Das können Sie selbst umgehend prüfen. Nehmen Sie sich eine Minute Zeit und beobachten Sie Ihre Gedanken. – In der Regel bleiben wir mit unseren Gedanken da hängen, wo sie um Schwierigkeiten und Probleme kreisen. Das entzieht uns enorm viel Energie, denn jeder Gedanke ist Energie. Achtsamkeits- und Meditationsübungen unterstützen uns dabei, unsere Gedanken bewusst wahrzunehmen, sie kommen und ziehen zu lassen.

2. Die Gedanken zur Ruhe bringen

Im nächsten Schritt können wir dafür sorgen, dass es stiller wird in unserem Kopf, dass die Gedanken uns zur Ruhe kommen lassen, bevor wir sie bündeln und auf einen bestimmten Fokus, auf ein Ziel hin ausrichten. Das heißt letztlich, bewusst zu denken oder zumindest die Gedanken bewusst zu beobachten. Diese Beobachtung und Kontrolle des Denkens reicht deutlich weiter, als es zunächst scheint, denn es betrifft auch die Gefühle. Sie entstehen nämlich aus Gedanken: Gefühle sind im Körper umgesetzte Gedanken. So löst beispielsweise das Gefühl der Angst eine körperliche Reaktion aus, etwa ein Fluchtverhalten oder Herzrasen. Würde ein Normalsterblicher mit dem Gedanken spielen, sich gleich eine Eisenstange auf den Kopf zu schlagen, würde sich sofort das Gefühl der Angst in seinem Körper ausbreiten. Wir könnten uns schwer verletzen – und tun das sehr wahrscheinlich auch.

Haben wir aber, wie die Shaolin-Mönche, gelernt, unsere Gedanken ruhig zu stellen, können wir auch unsere Gefühle kontrollieren. Denn solche leidvollen Gefühle wie Unsicherheit, Neid, Eifersucht, Ärger, Zorn und Angst schwächen uns, sie kosten viel Energie und trüben darüber hinaus unsere Lebensfreude. Gelingt es uns, die Ursachen dafür, nämlich die Gedanken, die zu diesen Gefühlen führen, zu erkennen und zu kontrollieren – was nichts mit verdrängen zu tun hat –, behalten wir unsere innere Stärke. Das mit der Eisenstange wird zwar dennoch nicht so schnell funktionieren, dazu müssten wir wie die Mönche das Training zur Hauptaufgabe unseres Lebens machen. Aber schon mit deutlich weniger Aufwand können wir enorme innere Kräfte entwickeln.

3. Mit Imagination die Gedanken gezielt steuern

Das gelingt uns mithilfe der Imagination, der Kraft der Vorstellung: Wir können lernen, unsere Gedanken und Vorstellungen dahin zu richten, wo wir sie haben wollen. So erzeugen wir eine enorme Kraft. Stellen Sie sich vor, Sie bündeln all Ihre Gedanken, also auch alle Energie Ihrer Gedanken. Dieses Bündel ist ungleich kraftvoller als ein einzelner Gedanke. Shaolin-Mönche schirmen ihren Kopf gegen die enorme Wucht der Eisenstange mit dieser Energie ab. So passiert ihnen gar nichts – ganz ohne Hokuspokus. In unserem Leben könnte das bedeuten, dass wir unsere geistige Kraft auf ein Ziel richten, das wir erreichen möchten, etwa eine berufliche Veränderung oder ein wichtiges Gespräch mit unserem Partner. Wir stellen uns diese Situation vor unserem inneren Auge vor und richten unsere Gedanken darauf, immer wieder. Wie die Gehirnforschung zeigt, kann unser Unterbewusstsein nicht unterscheiden, ob wir etwas wirklich erleben oder ob wir es uns intensiv vorstellen. In beiden Fällen sind exakt dieselben Hirnareale aktiv. Diese Tatsache können wir nutzen: Wenn wir uns ein Ziel wirklich lange genug und intensiv vorstellen, erhöhen wir die Wahrscheinlichkeit erheblich, dass unsere innere Vorstellung wirklich eintritt. So ist zum Beispiel bekannt, dass der berühmte Golfer Tiger Woods vor seinem letzten Schlag minutenlang ruhig steht und imaginiert, wie er diesen Schlag ausführt. Dabei werden die Nervenzellen in seinem Gehirn quasi vorgeglüht, wodurch eine Bahn gelegt wird, die die Wahrscheinlichkeit erhöht, dass sein Schlag auch wirklich gelingt. Hat er in dem Moment allerdings auch anderes im Kopf, etwa hübsche Frauen, wird er sein Ziel nicht erreichen. Deshalb ist es so wichtig, dass wir das Sammeln, wie oben beschrieben, intensiv trainieren und uns nicht ablenken lassen.

Zwar denken die meisten Menschen viel über ihre Ziele oder bestimmte Situationen nach. Meist bringt sie das aber nicht weiter, da dieses Nachdenken häufig ein unbewusstes, unkontrolliertes und nicht zielgerichtetes Grübeln ist und daraus negative Gefühle wie Zweifel und Versagensängste entstehen. In diesem Fall werden im Gehirn zwar ebenfalls Bahnen gelegt, aber eben in eine ungünstige Richtung. Erst wenn es uns gelingt, unseren Geist zur Ruhe zu bringen, unsere Gedanken bewusst zu kontrollieren und dadurch keine negativen Gefühle zu erzeugen, können wir durch Imagination, mit unserer Vorstellungskraft, die positive Energie gezielt dahin lenken, wo wir sie haben wollen. Sehen Sie zu dem Thema auch die Kapitel 3 und 4.

In diesem Buch erfahren Sie, wie Sie das Erfolgsrezept der Shaolin-Mönche in Ihrem Alltag umsetzen können, um Ihre positive Energie zu vergrößern und stark und krisenfest durchs Leben zu gehen.

Zwei Kulturen, ein Ergebnis

Interessant ist, dass sich die Erkenntnisse der Positiven Psychologie, der modernen Hirnforschung, der Verhaltensforschung und der Resilienzforschung mit der Shaolin-Tradition decken. Das ist deshalb so bemerkenswert, weil hier zwei völlig unterschiedliche Kulturen zu demselben Ergebnis kommen. Am Beispiel der Resilienzforschung lässt sich das besonders gut zeigen. Hier wird untersucht, warum manche Menschen, obwohl sie in widrigen Verhältnissen geboren werden und aufwachsen, etwa in Slums von Indien oder Lateinamerika, später zu erfolgreichen und krisenfesten Menschen werden.

Bei allen Menschen, denen das gelingt, sind ähnliche Eigenschaften zu beobachten, die diesen sozialen Aufstieg offenbar begünstigen. Zum einen sind sie intensiv auf der Suche nach einem Lebenssinn, danach, wohin es in ihrem Leben gehen soll. Die Zielrichtung ist klar und wird aktiv verfolgt: Es geht darum, in den Verhältnissen zu überleben, ihnen zu entkommen und es einmal besser zu haben als die Eltern oder die anderen Menschen in der Umgebung. Diese Vision verleiht ihnen Kraft, denn sie richten ihre Energie gezielt auf das aus, was sie erreichen wollen. Das entspricht der Imagination, mit der die Shaolin-Mönche ihre Energie gebündelt auf ein Ziel richten.

Ein zweiter enormer Kraftfaktor starker, krisenfester Menschen ist die sogenannte Selbstwirksamkeit: Sie haben die Fähigkeit entwickelt, Herausforderungen oder Hindernisse aus eigener Kraft zu überwinden – egal wie schlimm die Lebensumstände sind. Diese Selbstwirksamkeit hilft auch dabei, kreative Lösungen zu finden, um Ziele zu erreichen.

WAS MACHT MENSCHEN STARK?
Das Resilienzdreieck

Sinnhaftigkeit des Seins/Tuns

Wachstum über Loslassen von alten Mustern

Was ist mir wirklich wichtig?

RESILIENZ

Selbstwirksamkeit

Verbundenheit vermittelt sich über Wertschätzung

Wie kann ich es schaffen, Hindernisse eigenständig zu überwinden?

Wo gehöre ich hin?

Eine weitere wichtige Energiequelle und Antriebskraft starker Menschen ist die Kraft der Verbundenheit und Wertschätzung. Sie entspringt aus der Aufmerksamkeit und Anerkennung, die sie durch andere Menschen erfahren. Das funktioniert sogar innerhalb von Kinder- und Jugend-Gangs in Slums. Auch hier existiert eine starke Gemeinschaft, auf die Verlass ist und mit der man sich nach außen hin wehren kann. Sowohl das Erweisen als auch das Erfahren von Wertschätzung spielen hier eine Rolle und verstärken noch die positive Wirkung der Zugehörigkeit (Verbundenheit), was als Synergieeffekt bezeichnet wird.

Die Resilienzforschung kommt zu dem Ergebnis, dass es vor allem zwei wesentliche Elemente sind, die Menschen selbst in widrigen Lebensumständen antreiben: zum einen die Bindung an Menschen und Gruppen, zum anderen der Drang zu wachsen. Bindung an die Mutter existiert bereits vor der Geburt durch die Nabelschnur, später wächst die Bindung an die Familie und eine Gruppe. Aber auch das Wachstum beginnt bereits im Mutterleib, unmittelbar nach der Befruchtung. So bilden sich schon im Mutterleib pro Minute Tausende von Gehirnzellen, der ganze Organismus wächst in einer enormen Geschwindigkeit. Im Lauf seiner körperlichen und geistigen Entwicklung wächst der Mensch dann normalerweise immer weiter über sich selbst hinaus, indem er die Umgebung entdeckt und die Welt erkundet.

Auch bei Shaolin-Mönchen zeigt sich, dass diese beiden Eigenschaften besonders stark ausgeprägt sind: Es besteht eine enge Bindung an das Kloster, an die Gemeinschaft der Mönche, das »Sangha«. Zudem verfolgen sie ein klares Ziel, nämlich das Leid in der Welt zu mindern. Vor allem durch ihre öffentlichen Auftritte wollen sie zeigen, wie man mithilfe der Shaolin-Techniken eine solch enorme Kraft erzeugen kann. Der tiefere Sinn ihres Wirkens ist jedoch, den Menschen die Möglichkeiten aufzuzeigen, wie große Energie und innere Stärke zu erzeugen sind, um damit letztendlich das Leiden zu mindern und glücklicher zu leben. Darin sehen sie ihre Aufgabe und ihren Sinn.

Achtsamkeit
lernen

Eine wichtige Voraussetzung, um unsere Gedanken zu kontrollieren und damit innere Stärke zu entwickeln, ist Bewusstheit oder Achtsamkeit. Dieser Begriff spielt im (Chan-)Buddhismus, der auch der Shaolin-Philosophie zugrunde liegt, eine zentrale Rolle, nimmt aber in der westlichen Welt ebenfalls eine immer wichtigere Stellung ein, vor allem im Hinblick auf die zwischenmenschlichen Bereiche. Achtsamkeit bedeutet vor allem eine erhöhte Aufmerksamkeit, eine besondere Bewusstheit und Offenheit, ein Gewahrsein dessen, was ist. Der Schlüssel zu innerer Stärke, zu mehr Glück und weniger Leid ist das bewusste Erkennen der schnellen, unbewussten Reaktionsketten. Wenn wir erkennen, wie sich das Bewusstseinsrad bei uns dreht, wie wir von unbewussten Reaktionen zu bewussten Aktionen (im Denken, Fühlen und Handeln) kommen, welche positiven und negativen Bewertungen wir in Bezug auf Dinge, Ereignisse und andere Menschen anstellen, haben wir den Schlüssel für innere Stärke und für unser Glück in der Hand.

Den Kreislauf erkennen

Mit Achtsamkeit können wir uns das gedankliche Hintergrundrauschen bewusst machen. Wie das Bewusstseinsrad (siehe Abbildung auf der gegenüberliegenden Seite) zeigt, entstehen Gedanken und ihre Bewertungen (Wertung) zunächst aus Wahrnehmungen. Hören wir zum Beispiel etwas Vertrautes wie Hundegebell (akustische Wahrnehmung), ist dies bereits als Einstellung in unserem Gehirn wie auf einer Festplatte gespeichert, wodurch der Gedanke beziehungsweise die Vorstellung »Hundegebell« entsteht. Danach wertet unser

Gehirn blitzschnell und meist unbewusst in Sekundenbruchteilen. Je nachdem, ob wir mit Hundegebell überwiegend positive oder negative Erfahrungen gemacht haben, fällt die Bewertung entsprechend aus. Einstellungen und Werte sind also die Summe der bewerteten individuellen Erfahrungen. Aus diesen entstehen dann im nächsten Schritt – wiederum blitzschnell und meist unbewusst – die zugehörigen Gefühle von angenehm bis unangenehm, manchmal auch neutral.

Diese Gefühle rufen dann ihrerseits die unmittelbaren Körper- und Verhaltensreaktionen hervor, die entsprechend zugewandt-verlangend, also »hin zu«, oder ablehnend-aversiv, also »weg von« ausfallen. Wenn wir also Hundegebell positiv bewerten, ist unser Gefühl dazu angenehm, und unsere Reaktion fällt entsprechend freudig aus, vielleicht wollen wir zu dem Hund hingehen und ihn streicheln. Bewerten wir Hundegebell dagegen negativ, entstehen ablehnende

DAS BEWUSSTSEINSRAD

oder: Wie unsere Wahrnehmung, unsere Gedanken, Gefühle und Körperreaktionen zusammenhängen

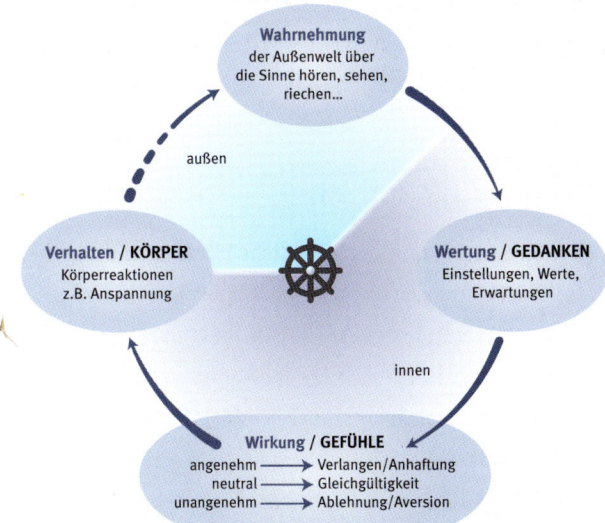

Wahrnehmung
der Außenwelt über
die Sinne hören, sehen,
riechen...

außen

Verhalten / KÖRPER
Körperreaktionen
z.B. Anspannung

Wertung / GEDANKEN
Einstellungen, Werte,
Erwartungen

innen

Wirkung / GEFÜHLE
angenehm ——→ Verlangen/Anhaftung
neutral ——→ Gleichgültigkeit
unangenehm ——→ Ablehnung/Aversion

Gefühle wie Ärger oder Angst, und wir reagieren entsprechend, indem wir das Fenster schließen oder einen großen Bogen um den Hund machen.

Gegenwärtig und respektvoll sein

Wenn wir etwas bewerten, stecken dahinter – wie das Wort sagt – unsere Werte und Einstellungen gegenüber Menschen, Dingen oder Situationen. Ist uns zum Beispiel Pünktlichkeit »wert«-voll, also wichtig, dann reagieren wir zunächst mit negativen Gefühlen, wenn jemand unpünktlich ist (die Wirkung auf uns), die dann wiederum negative Äußerungen wie Vorwürfe zur Folge haben können (unsere Verhaltensreaktionen nach außen). Sind wir achtsam, dann kennen wir unsere Einstellungen und Werte und wissen, welche Erwartungshaltungen sie bei uns auslösen. Wir spüren, dass uns etwas anzieht oder abstößt, reagieren aber nicht unmittelbar, sondern nehmen unsere inneren Reaktionen wahr und reflektieren sie: Wieso ärgert es mich überhaupt, wenn der andere zu spät kommt? Hat der andere vielleicht einen guten Grund, warum er zu spät kommt?

Wir machen nicht automatisch andere Menschen oder Situationen, also irgendwelche Auslöser oder Äußerlichkeiten für unsere Gefühle verantwortlich, sondern nehmen wahr, dass wir unsere Gefühle selbst erschaffen. Der andere erfüllt lediglich unsere Erwartung nicht, in diesem Beispiel die, dass er pünktlich sein soll. Aus dieser Perspektive löst das Zuspätkommen eines anderen dieses Unbehagen lediglich in uns aus, wir sind aber selbst dafür verantwortlich – und behalten die Kontrolle über unsere Reaktion. Wir können unsere Erwartung mitteilen, indem wir zum Beispiel respektvoll unser Unbehagen zum Ausdruck bringen: »Es ärgert mich …«, »Ich finde es schade …«, statt dem anderen Vorwürfe zu machen. Wir können uns aber auch entscheiden, unser Unbehagen bei uns zu lassen und das Thema loszulassen, weil es uns nicht wichtig genug ist, um daraus ein Problem zu machen oder einen Konflikt anzuzetteln. Viel Streit ließe sich so vermeiden, denn er ist stets Folge unterschiedlicher Erwartungen. Unser Ziel sollte also sein, uns immer bewusster zu werden, damit wir begreifen, warum bestimmte Erfahrungen bei uns angenehme oder unangenehme Gefühle und entsprechende Reaktionen auslösen.

Mit Achtsamkeit werden wir uns selbst und anderen Menschen gegenüber aufgeschlossener, denn wir halten nicht starr an unseren Einstellungen und Wertmaßstäben fest, sondern öffnen uns Neuem und lassen Veränderungen zu. Das heißt, wir hängen nicht am Alten, an der Vergangenheit, sondern sind im Hier und Jetzt, gegenwärtig im Moment. Mit dieser achtsamen, offenen Gegenwärtigkeit bringen wir uns und anderen Respekt und Wertschätzung entgegen, zeigen echtes Interesse an Neuem, fragen in Gesprächen interessiert nach, zeigen uns wahrhaft aufgeschlossen. Dadurch fühlt sich der andere wertgeschätzt und wohl mit uns.

Häufig bewerten wir allerdings nicht-wertschätzend, also nicht die »Werte und Einstellungen« des anderen schätzend. Daraus folgen Aversion, Trennung, Schmerz und Leid. Um wirklich achtsam wahrzunehmen, müssen wir diesen Kreislauf von Wertung, Wirkung und Reaktion durchbrechen. Das ist eines der wichtigsten Ziele des Shaolin-Geistestrainings.

> Wir werden den ganzen Tag
> an der Nase herumgezogen
> und denken, es wäre freier Wille.
>
> [Fred von Allmen]

Alles ist im Fluss, nichts ist unveränderbar

Wenn wir achtsam wahrnehmen, wird uns auch klar, dass nichts gleich bleibt, weder unsere Werte und Einstellungen noch unsere Umgebung. Um dies zu überprüfen, achten Sie doch einmal bewusst darauf, wie Sie eine Handlung eines Ihnen nahestehenden Menschen bewerten, wenn Sie energievoll und gut gelaunt sind oder wenn Sie gestresst und übellaunig sind. Sehr wahrscheinlich werden Sie dieselbe Handlung unterschiedlich beurteilen. Ferner neigen wir dazu, Angenehmes festzuhalten, damit es sich nicht ändert. Aber das gelingt uns nicht. Vielleicht wird es noch angenehmer, vielleicht weniger angenehm oder einfach nur anders. Fest steht, dass es keine unveränderliche Wirklichkeit gibt, sondern sich alles ständig verändert, auch unser Selbst. Je gegenwärtiger wir sind, je achtsamer wir jeden Moment unseres Lebens wahrnehmen, umso weniger sind wir diesen Veränderungen ausgeliefert. Das heißt, wenn wir sitzen und uns bewusst sind, dass wir sitzen, den Druck auf unseren Po wahrnehmen und die Füße, die den Boden berühren, oder wenn wir essen, Auto fahren, abwaschen und das ganz bewusst tun, schaffen wir uns unsere eigene gegenwärtige Realität und können unser Selbst jederzeit umbauen und verändern.

Je offener wir für Veränderungen sind, umso weniger werden wir leiden – und altern. Denn diese Haltung ist ein Jungbrunnen für das Gehirn. Könnten wir diese Achtsamkeit wirklich konsequent leben, würde unser Gehirn praktisch nicht altern. Denn Altern ist eine Anhäufung von Vergangenheit in der Psyche, wie es die moderne Hirnforschung auf den Punkt bringt. Das heißt, je häufiger wir nicht in der Gegenwart sind, im Hier und Jetzt, sondern in der Vergangenheit, umso schneller altert unser Gehirn. Eine Weisheit, die den Shaolin-Mönchen selbstverständlich ist.

Die Kunst
des Loslassens

Durch Achtsamkeit kommen wir nicht nur zu mehr »Selbst-Bewusst-heit« im eigentlichen Wortsinn, sondern auch zu mehr innerer Freiheit. Denn Unbewusstheit bedeutet Leiden, und Bewusstheit macht uns frei. Je unbewusster wir sind, je weniger achtsam, umso getriebener sind wir und umso unfreier. Je mehr wir an unseren Werten und Einstellungen festhalten (anhaften), desto konflikthafter verläuft unser Leben, desto mehr kämpfen wir, auch mit uns selbst. Ein Beispiel, das die meisten Menschen kennen, ist die Liebe zu Schokolade. Wir sehen oder schmecken ein Stück davon und wollen mehr, weil wir die Einstellung gespeichert haben: Schokolade ist lecker und löst angenehme Gefühle in mir aus. Zum Problem wird diese Haltung, wenn wir »anhaften«, wie es die Buddhisten nennen, sprich, wenn wir nicht genug bekommen können, wenn wir nicht mehr loslassen können, obwohl der übermäßige Genuss von Schoko-lade uns offensichtlich schadet – wie ein Blick in den Spiegel zeigt.

Lerne rechtzeitig, die Dinge loszulassen,
darin liegt der Schlüssel
zur wahren Glückseligkeit.

[Digha Nikaya]

Sobald eine solche Anhaftung entstanden ist, haben wir keine Wahl mehr, haben nicht die Freiheit zu sagen: Ich hätte vielleicht noch gern ein Stück, aber es tut mir nicht gut. Geben wir dagegen der Lust auf

Schokolade unreflektiert nach, macht uns das nicht stark und glücklich, sondern schwach und ängstlich, weil wir an unserem Muster
anhaften, statt es loszulassen. Wie die Glücksforschung zeigt, herrscht
in vielen – nach materiellen Kriterien gemessen – ärmeren Ländern,
wie zum Beispiel Bhutan, ein wesentlich höherer Grad an Zufriedenheit als zum Beispiel in Nordamerika, wo die Anhaftung an materielle
Werte besonders hoch ist (siehe dazu auch »Bücher, die weiterhelfen«
auf Seite 156).

Frei entscheiden können

Eine bewusste Entscheidung können wir aber erst treffen, wenn wir
achtsam wahrnehmen, was in uns vorgeht, welche Werte und Einstellungen unser Selbst produziert. Indem wir innehalten und unsere
Meinungen überprüfen (und die kurzfristige Lust gegen den mittel-
fristigen Schaden abwägen), können wir uns emanzipieren von dem
Getriebensein: hier noch ein Stück Schokolade, da noch eine vielver-
sprechende Reise oder eine Fortbildung, vielleicht sogar ein neuer
Partner, der noch besser zu uns passen könnte als der jetzige.

Ein junger Mönch fragte den Meister:
›Wie kann ich mich nur befreien?‹
Der Meister antwortete:
›Wer hat dich nur versklavt?‹

[Aus der Advaita-Lehre]

Haben wir mithilfe der Achtsamkeit und Selbstreflexion solche
Mechanismen und Meinungen erkannt und unsere Einstellungen und

Glaubenssätze entlarvt, dann können wir unsere Muster durchbrechen. Wir können uns nach und nach von ihnen lösen, um wieder Herr im eigenen Haus zu werden. Unser Handeln wird bewusster: Wir entscheiden zum Beispiel, dass wir einmal pro Woche eine bestimmte Menge Schokolade essen, statt jeden Abend vor dem Fernseher reflexartig zu naschen – und merken: Es geht uns damit besser, unser schlechtes Gewissen verschwindet und macht Platz für positive Gedanken, wir schlafen besser, wir nehmen ab und vieles mehr.

Fallen uns Veränderungen schwer, können wir wieder die Imagination zu Hilfe nehmen und uns Situationen aus der Vergangenheit vorstellen, in denen wir solche Schritte gegangen sind und in denen wir uns wohler fühlten als im Moment. Oder wir stellen uns intensiv die Zukunft vor, was wir konkret tun werden, damit wir uns angenehmer und leichter fühlen, gesünder werden, über mehr Vitalität verfügen und zwei Konfektionsgrößen weniger brauchen. Sie finden in diesem Buch zahlreiche Übungen, die Sie bei der Imagination unterstützen.

Verhalten hinterfragen

Nur wenn wir eingefahrene Denk- und Verhaltensmuster erkennen und überprüfen, können wir sie bei Bedarf – nämlich dann, wenn sie uns nicht nutzen – auch loslassen. Denn jedes Verhalten, das wir zeigen, hat für uns einen Nutzen, das haben Verhaltensbiologen erkannt. Am Beispiel der Schokolade könnte ein festgefahrener Glaubenssatz lauten: Ich brauche jeden Tag Schokolade. Überprüfen wir diese Meinung und fragen nach dem dahinterstehenden Zweck, könnte sich vielleicht herausstellen, dass uns dieser Genuss kleine Glücksmomente verschafft, uns kurzfristig ein gutes Gefühl vermittelt. Mittel- und langfristig schadet uns der Schokoladenkonsum allerdings, er schwächt uns und macht uns dick. Haben wir das durchschaut, können wir diesen Glaubenssatz loslassen und uns andere Glücksinseln suchen, die uns besser bekommen – vielleicht ein besonderer Tee, ein Spaziergang oder ein Spiel mit den Kindern. Das ist bestimmt nicht immer leicht, aber dennoch möglich, sobald wir den Sinn und Zweck unseres Tuns oder unserer Haltung erkannt haben.

Der Nutzen von Meinungen und Verhalten ist aber nicht für jeden der gleiche. Wenn wir zum Beispiel Wert auf eine bestimmte Kleiderordnung legen, hat diese uns vielfach schon genutzt und weitergebracht. Wir erwarten dann oft ganz selbstverständlich, dass das auch für unsere Mitmenschen gilt und sie sich ähnlich kleiden (sollen). Denn solange wir unbewusst sind, stellen wir unsere Maßstäbe in den Mittelpunkt. Deshalb neigen wir oft dazu, anderen unsere Meinung überzustülpen, weil wir sie für die beste, die einzig gültige erachten.

Dank unserer Fähigkeit zur Selbstreflexion können wir den Nutzen unserer Verhaltensmuster immer wieder hinterfragen und relativieren. Und wir können uns auch bewusst machen, dass für andere nicht automatisch dieselben Maßstäbe gelten müssen, sie andere Erfahrungen gemacht haben oder aus bestimmten Verhaltensweisen nicht denselben Nutzen ziehen wie wir. Vielleicht ist für einen anderen praktische, bequeme Kleidung besonders wichtig, weshalb ihm Anzug oder Kostüm manchmal einfach im Weg stehen. Ist uns das bewusst, können wir die Erwartungshaltung anderen gegenüber zurücknehmen, unsere Meinung loslassen und dem anderen seine Meinung lassen und sie respektieren – ohne dass wir sie teilen müssen.

Erst wenn wir uns dessen gewahr sind, welche Meinungen und Glaubenssätze in uns vorherrschen, können wir sie bewusst loslassen. Das heißt nicht, dass wir alle unsere Meinungen und Ansichten über Bord werfen müssen. Vielmehr sollen wir uns einfach nur ihrer bewusst sein, sie nicht zum allgemeingültigen Maßstab erheben, sie hinterfragen und offen für neue sein. Und wir sollen sie als die unsrigen erkennen – andere Menschen können und werden wieder ganz andere Werte haben (siehe dazu auch das Kapitel 7 »Unser Umgang mit anderen«).

Annehmen und Loslassen als Leitstrategie

Alles kommt und geht, deshalb ist es so wichtig, loszulassen und nicht anzuhaften, denn das verursacht Leid und kostet Energie. Wir können den Wandel nicht aufhalten, aber wir können unsere Haltung verändern und uns so vom Leid befreien. Dabei hilft uns das Geistestraining, wie Sie es in den folgenden Kapiteln bei den verschiedenen Übungen kennenlernen werden. Durch diese Übungen können wir erkennen, dass alles kommt und geht, dass wir etwas entstehen lassen durch unsere Gedanken und es auch wieder ziehen lassen können. Wir können darüber selbst entscheiden. Wenn wir das Annehmen und Loslassen zu unserer Leitstrategie machen, gewinnen wir Freiheit und Energie. Darin liegt eines der Geheimnisse des Shaolin: Wir werden auf diese Weise immer freier und unabhängiger und dadurch innerlich stärker.

Das einzig Beständige ist der Wandel.

[Zen-Weisheit]

Auch die Schmerztherapie hat die Wirksamkeit dieser Strategie »erkennen, annehmen, loslassen« erkannt. Gerade bei Patienten mit chronischen Schmerzen hat es sich bewährt, dass sie ihren Geist entsprechend trainieren, indem sie sich auf den Schmerz konzentrieren, ihn erkennen, annehmen und dadurch erträglicher machen.
In den folgenden Kapiteln wird Sie diese Strategie begleiten, denn sie ist ein unerlässliches Instrument, damit wir innere Stärke entwickeln, damit wir uns von den Schwierigkeiten des Lebens nicht unterkriegen lassen und ein erfülltes, zufriedenes und glückliches Leben führen können.

Erkenne
dich selbst

→ Sich selbst zu kennen, ist der erste Schritt zu innerer Stärke und Freiheit. Selbsterkenntnis gewinnen wir jedoch nicht von heute auf morgen, sie ist vielmehr ein lebenslanger Prozess. *Ich entwickle innere Stärke, indem ich jeden Tag mehr über mich selbst lerne.* – So könnte der Leitsatz lauten, der uns auf dem Weg zur besseren Selbstkenntnis begleitet.

Der Tempel der 1000 Spiegel

In einem fernen Land gab es vor langer Zeit einen großen Tempel mit 1000 Spiegeln, in den sich eines Tages ein Hund verirrte. Der sah sich plötzlich 1000 anderen Hunden gegenüber. Er begann zu knurren und sah, wie 1000 andere Hunde ebenfalls knurrten. Da steigerte sich sein Zorn – und die Wut der anderen Hunde ebenfalls. Erst nach langer Zeit fand der Hund völlig erschöpft den Ausgang. »Wie ist die Welt doch böse«, sagte sich der Hund, »sie besteht aus lauter wütenden Hunden.« Er hielt es für erwiesen, dass ihm andere Hunde feindlich gesinnt waren. Die Welt war für ihn ein bedrohlicher Ort, und er lebte verbittert bis ans Ende seiner Tage. Nach einiger Zeit kam ein anderer Hund in den Tempel der 1000 Spiegel. Auch er sah sich 1000 Hunden gegenüber, und der Hund freute sich und wedelte freundlich mit dem Schwanz. Da wedelten die 1000 Artgenossen zurück, und der Hund freute sich, dass die anderen Hunde sich freuten, und die Freude fand kein Ende. So ging der Hund immer wieder in den Tempel, um sich mit den andern Hunden zu freuen. »Wie ist die Welt doch schön«, sagte sich der Hund. »Überall gibt es freundliche Hunde, die mit dem Schwanz wedeln!« Er hielt es für erwiesen, dass ihm andere Hunde wohl gesinnt waren. Die Welt war für ihn ein freundlicher Ort, und er lebte glücklich bis ans Ende seiner Tage.

In den **Spiegel** schauen

Sich selbst kennenzulernen, ist eine wichtige Voraussetzung, um an innerer Stärke zu gewinnen. Das Verständnis und die Anwendung des Bewusstseinsrads (siehe Seite 23) helfen uns auf dem Weg zu mehr Selbstkenntnis. In der Geschichte über den Tempel der 1000 Spiegel stehen die Spiegel und die Spiegelbilder für das Bewusstseinsrad. Jede Gefühlsregung im Alltag, jede Erfahrung mit der Außenwelt (egal ob Knurren oder Schwanzwedeln), egal ob angenehm oder unangenehm, können wir nutzen, um mehr über unsere Einstellungen und Werte zu erfahren. Immer wenn uns etwas berührt, geschieht das aufgrund unserer inneren Einstellung. – Gehen wir also mit Neugier, mit Interesse und Begeisterung an die Geheimnisse unserer Innenwelt heran! Das wird Ihr Leben extrem bereichern, und zwar auf Dauer, denn – so eine Empfehlung des Konfuzius: »Wenn du die Absicht hast, dich zu erneuern, tue es jeden Tag.«

Das, was wir in uns entdecken, lässt sich ganz einfach in zwei Kategorien unterscheiden: Es ist entweder förderlich für unsere innere Stärke und unser Glück (und das der anderen Wesen um uns herum), oder es ist hinderlich. Und nur, was wir kennen, als unser Eigenes erkennen, können wir auch annehmen und – in einem nächsten Schritt – loslassen, wenn es uns in unserer Entwicklung hemmt, oder kultivieren, wenn es uns auf unserem Weg weiterbringt. Je genauer wir das alles erkennen, umso deutlicher nehmen wir wahr, inwiefern das, was uns widerfährt, mit uns zu tun hat, warum uns etwas verletzt, welche Erwartungen unsererseits eine Enttäuschung zur Folge hatten. Wenn wir offen auf uns selbst schauen, uns beobachten und hinterfragen, erkennen wir, was uns am Glück hindert: Es ist Teil unseres Selbst, und es sind nicht die äußeren Umstände.

Unseren Gegner in uns selbst finden

Wenn wir gefragt werden, was uns hinderlich ist, was uns ausbremst im Leben, unsere Weiterentwicklung blockiert oder uns Energie raubt, dann fällt uns meist eine ganze Liste von Gründen ein: unsere Arbeit, bestimmte Menschen, das Wetter oder auch zu wenig Geld. Die Ursachen suchen wir fast immer außerhalb von uns selbst, sie entziehen sich scheinbar unserem Einfluss, weshalb wir auch nicht die Verantwortung für unser Unglück übernehmen müssen: Die anderen sind schuld, dass wir nicht vorankommen, es liegt an den schlimmen Zeiten, dass wir unsere Träume nicht verwirklichen können, oder am Regen, der uns in trübe Stimmung versetzt, oder woran auch immer. Doch die Außenwelt ist nur ein Spiegel unserer Innenwelt, wie im Tempel der 1000 Spiegel. So, wie es in uns aussieht, alle positiven und negativen Einstellungen, alle Werte, Vorurteile und Erwartungen, tragen wir nach außen. Wir projizieren unser Inneres auf die Außenwelt und sehen in ihr das Entsprechende.

Die Innenwelt der Außenwelt

Sind wir glücklich, zufrieden oder verliebt, dann nehmen wir auch unsere Umgebung positiv wahr, sind nett und freundlich zu unseren Mitmenschen und arbeiten gern. Sind wir allerdings unzufrieden mit unserem Leben, gerade vom Partner verlassen worden oder erfüllen sich unsere Erwartungen nicht, dann sehen wir auch die Außenwelt in grauen, düsteren Farben.

Gibt es in unserem Leben viele Konflikte, begegnen wir vielen schwierigen Menschen und erleben wir häufig problematische Situationen, dann spiegelt auch diese Tatsache lediglich unseren inneren Zustand wider. Um daran etwas zu ändern, müssen wir zunächst selbst die Verantwortung übernehmen, statt alles auf die anderen oder die Umstände zu schieben. Das ist zwar anstrengend, aber auch eine geniale Steilvorlage. Denn es bedeutet, wir haben unser Leben, unser Glück und Wohlbefinden weitgehend selbst in der Hand, können selbst etwas dafür tun und sind nicht oder nur wenig abhängig von anderen. Es kommt dann eben darauf an, was wir selbst aus den äußeren Bedingungen machen.

Unsere Gedanken erzeugen Gefühle

Diese Erkenntnis ist einer der Kerngedanken des Shaolin: Nicht »die anderen« – der Partner, die Kinder, der Chef, die Gesellschaft – sind die Ursachen unseres Leids, sondern das, was in uns steckt, unsere eigenen Gedanken und Gefühle. Denn unsere Gedanken und die daraus resultierenden Störgefühle wie Neid, Ärger, Eifersucht, Verlangen, Gier oder Unzufriedenheit sind lediglich Folgen unserer Gedanken, diese sind die Ursache von leidvollen Gefühlen (siehe auch Kapitel 1 und 3). Ein Beispiel: Ein Arbeitskollege erzählt uns von einer größeren Erbschaft und was er damit alles machen möchte. Wir beobachten unsere Gedanken (»Hat´s der gut!« und »Immer die anderen, warum passiert mir so etwas nie?«) und merken, dass in uns das Gefühl »Neid« auftaucht. Daran ist aber nicht die Erbschaft des Kollegen schuld, sondern unsere Einstellung und Bewertung dieser Tatsache. Denn wir fühlen uns offensichtlich benachteiligt, hegen die Erwartung, dass uns so etwas auch mal passieren sollte, und so weiter. Wenn wir diese Gedanken erkennen, können wir uns bewusst machen, warum wir uns benachteiligt fühlen und solche Erwartungen haben. Und wir erkennen, dass das Gefühl von Neid in uns selbst begründet ist und nicht im Gegenüber.

Wir können nur uns selbst ändern

In Kampfkünsten, wie etwa dem Kung Fu, ist diese Erkenntnis von zentraler Bedeutung. Früher wurden Soldaten durch Shaolin-Mönche mithilfe von mentalen Übungen, wie Qigong und Meditationen, geistig fit gemacht, bevor sie in die Schlacht zogen. Sie lernten mentale Stärke durch Fokussieren und Imagination zu entwickeln (siehe auch Kapitel 1), die Gegner in sich zu besiegen, also mit ihren Ängsten, Unsicherheiten und Zweifeln so umzugehen, dass Kraft und Konzentriertheit erhalten bleiben. Wir müssen und können also nur uns selbst ändern (und lernen, mit dem zu leben, was wir nicht ändern können) und eben nicht den Partner, den Chef, das Wetter oder was auch immer. Wenn wir das erkennen und annehmen, können wir das, was unser Leid erzeugt, auch loslassen. Denn diese drei Schritte sind nötig, um uns selbst zu ändern: erkennen, annehmen, loslassen.

> Ruhe bringt Gleichgewicht und Leichtigkeit.
> Leichtigkeit und Gleichgewicht
> bringen inneren Frieden und Gelassenheit.
>
> [Tschuang-Tse]

Stellen Sie sich, bevor Sie die Übung auf Seite 39 machen, folgendes Bild vor: Sie sitzen gerade, gelassen, zentriert auf einem Stuhl, ohne jede Anstrengung. Dann taucht eine Störung auf, zuerst in Form eines Gedankens, in diesem Beispiel »Warum erbe ich nicht?«. Dieser Gedanke löst ein Gefühl von Neid aus, also eine Aversion und Unzufriedenheit, und Sie lehnen sich angestrengt fest nach hinten auf Ihrem Stuhl, verlassen also Ihre Mitte. Auch im umgekehrten Fall, wenn in

Ihnen ein positives, verlangendes Gefühl auftaucht (für den unwahrscheinlichen Fall, der Kollege möchte seine Erbschaft mit Ihnen teilen), geraten Sie aus Ihrer Mitte, nämlich in eine verlangende Bewegung nach vorne. Aus der Sicht der Shaolin-Philosophie besteht unser Leben auf diese Art in einem ständigen Sich-nach-vorne- oder -nach-hinten-Bewegen, wodurch wir permanent aus unserer Mitte geraten, Energie verlieren und unser Leben mit permanenter Unruhe und Ungeduld versehen.

ÜBUNG

Die inneren Einstellungen erkennen

Wir haben jeden Tag viele Gelegenheiten, um uns dafür zu sensibilisieren, was uns aus unserer Mitte, aus unserem Gleichgewicht bringt. Mit der folgenden Übung können Sie diese Aufmerksamkeit gezielt trainieren:

→ Richten Sie eine Woche lang Ihre Aufmerksamkeit dreimal täglich auf etwas, wonach Sie stark verlangt, zum Beispiel Schokolade essen oder ein neues Paar Schuhe kaufen. Registrieren Sie möglichst genau alles, was Ihnen dabei durch den Kopf geht, und schreiben Sie die Situationen und Ihre Gedanken und Gefühle in ein Notizbuch.

→ Dasselbe machen Sie dreimal täglich mit Momenten, in denen Sie Ablehnung empfinden, etwa wenn Sie jemanden unsympathisch finden oder eine bestimmte Arbeit partout nicht verrichten wollen.

Auf diese Art machen Sie sich Ihre Einstellungen bewusst, Sie lernen sich bedeutend besser kennen.

Der Gier entsagen,
bescheiden werden

Je stärker das Gefühl von Verlangen oder Ablehnung ist, umso mehr geraten wir aus unserer Mitte, umso weiter entfernen wir uns von unserem Glück. Denn wir glauben, etwas Bestimmtes für unser Glück zu brauchen oder dass uns etwas im Weg steht. Solche anhaftenden Gefühle sind zum Beispiel die Gier nach Schokolade oder auch nach Anerkennung. Dieses Verlangen ist uns dann besonders wichtig, und wir glauben, wenn wir das nicht bekommen, werden wir unglücklich. Auch ablehnende Gefühle können unsere Chancen auf Zufriedenheit und Glück enorm verengen, etwa wenn wir für eine Reise viele Bedingungen stellen: Schlechtes Wetter will ich auf keinen Fall und zu viel Wärme auch nicht. Ich reise ohnehin nur in Länder, wo ich morgens eine Dusche habe, und so weiter. Je höher unsere Erwartungen sind und je mehr Ansprüche wir haben, umso geringer ist die Wahrscheinlichkeit, dass wir glücklich und zufrieden werden.

Annehmen, ohne zu werten

Wie aber können wir dieses Anhaften an unseren Vorstellungen und unser Verlangen loslassen? Zunächst geht es um das Erkennen solcher anhaftender Gefühle. Haben wir sie erkannt, können wir sie annehmen, das heißt, sie registrieren, ohne zu werten: »Aha, ich habe jetzt Lust auf Schokolade« oder »Ich spüre meinen Wunsch nach Anerkennung«. Dazu sollten wir so bewusst und achtsam wie möglich im Moment sein, also erkennen, wenn bestimmte Wahrnehmungen, Gedanken oder Vorstellungen aufgrund unserer Einstellung Gefühle erzeugen. Nur wenn wir mental wirklich in der Gegenwart sind und diese Bewusstheit trainieren, können wir die anhaftenden Gefühle auch loslassen. Mit jedem Mal, mit dem es uns gelingt, Anhaftungen zu erkennen und ohne Wertung wahr- und anzunehmen, werden unsere Aufmerksamkeit und Wachheit geschult. Und schließlich werden wir immer seltener von anhaftenden Gefühlen bestimmt, die in uns Leiden erzeugen. Die folgende Übung hilft Ihnen dabei, Ihre Achtsamkeit hinsichtlich Ihrer Gefühle zu trainieren.

ÜBUNG

Achtsamkeit sich selbst gegenüber trainieren

Machen Sie diese Übung täglich, am besten zum ersten Mal gleich morgens, noch bevor Sie aufstehen, und zum letzten Mal abends vor dem Schlafen. Wenn Sie auch tagsüber Zeit finden – umso besser.

Fragen Sie sich:

→ Was denke ich im Moment? Was geht in meinem Kopf vor sich?

→ Was fühle ich im Moment? Fühle ich etwa eine latente Angst, Freude, Ungeduld?

→ Was spüre ich im Moment? Welche körperlichen Befindlichkeiten nehme ich wahr, vielleicht eine leichte Verspannung im Nacken oder ein (un-)angenehmes Gefühl im Bauch?

Was auch immer Sie wahrnehmen, werten Sie es nicht, und versuchen Sie auch nicht, es zu verändern, sondern nehmen Sie es einfach wahr! Üben Sie fünf bis zehn Minuten. Je konzentrierter, desto besser!

Allein in dem Moment, in dem wir uns diese Fragen stellen, sind wir bewusst und achtsam im Moment. Oder, wie die Shaolin-Mönche sagen: Das ist das Erwachen! Jetzt! In diesem Moment. So schaffen wir innere Stärke!

Durch dieses Geistestraining entsteht ganz automatisch eine wache Gegenwärtigkeit, eine offene Präsenz, eine Dankbarkeit für den Moment, für
das, was ist. Wir lernen, nicht ständig etwas hinterherzuhecheln oder
weg von einem Zustand zu wollen, und erleben so ein ganz starkes
Wohlgefühl. Wir müssen nicht auf etwas reagieren, sondern sind zufrieden und dankbar für das, was im Moment ist, für das, was wir
haben. Diese innere Dankbarkeit und Bescheidenheit schafft sehr viel
Freiheit im Denken, dadurch auch im Fühlen, im Tun, im Sein und
auf der körperlichen Ebene, zum Beispiel in Form von mehr Entspannung, besserer Durchblutung und erholsamerem Schlaf. So entwickeln
wir unsere innere Stärke!

Wir alle möchten unser Leben
so vollständig wie möglich leben.
Deshalb müssen wir lernen,
dort zu sein, wo das Leben stattfindet,
nämlich genau hier, jetzt.

[Fred von Allmen]

Wenn wir den Augenblick wahrnehmen, machen wir die grundlegende Erfahrung, dass alles kommt und geht, egal welche Befindlichkeiten auftauchen. Sie tauchen auf, gehen aber auch wieder. Warum also
sollen wir sie allzu ernst nehmen? Es gibt doch keinen Grund, uns zu
ärgern, aufzuregen, denn der Gedanke, das Gefühl gehen doch ohnehin bald wieder weg, alles in uns wandelt sich – und die Erkenntnis,
dass das einzig Beständige der Wandel ist, schafft innere Gelassenheit
und Freiheit.

Erwacht wie ein Buddha

»Buddha« bedeutet wörtlich »der Erwachte«. Wenn wir uns die Frage(n) nach dem, was wir denken, fühlen und spüren, stellen und gegenwärtig sind, erwachen auch wir für kurze Zeit. Wir erreichen dann ein kleines Erwachen, ein kleines Stück Buddha-Natur, indem wir den Moment erkennen und wahrnehmen.

Wenn wir uns so beobachten und immer wieder bewusst auf den Moment achten, merken wir erst, wie wenig wir uns in der Gegenwart befinden. Meist sind wir ein kleines oder auch großes Stück in der Vergangenheit oder in der Zukunft. Wir planen, was als Nächstes kommen soll, wir freuen uns auf das, was kommen wird. Oder wir schweifen mit unseren Gedanken in der Vergangenheit umher, machen uns Gedanken darüber, was gerade war, grübeln über etwas, was wir ohnehin nicht mehr ändern können: »Was habe ich denn da gesagt? Was hätte ich in dieser Situation besser machen können? Hätte ich bloß nicht dies, und hätte ich doch nur das.«

Aber nur ganz, ganz selten sind wir einen Moment oder sogar längere Zeit nur in der Gegenwart, absolut im Hier und Jetzt. Wollen wir aber innere Stärke gewinnen, unseren (inneren) Gegner erkennen und bezwingen, unsere Hindernisse beseiteräumen, können wir das nur in der Gegenwart, denn da läuft das Bewusstseinsrad (siehe Seite 23). Je mehr Gegenwärtigkeit wir entwickeln, desto mehr Energie gewinnen wir. Und wir halten den Schlüssel in der Hand, um die Verantwortung für unser Leben und unser Glück selbst zu übernehmen. Wir werden Herr in unserem eigenen Haus, werden freier von all den Reizmustern und Anhaftungen, die unserem Glück im Wege stehen. Wir häuten uns gewissermaßen, wie es auch in den Lehrreden »Digha Nikaya« heißt: »Wie die Schlange ihre Haut abstreift, so müssen auch wir ständig viele Vorurteile aus der Vergangenheit ablegen.« – So fördern wir innere Stärke!

Du bist, was du denkst

3

→ Es ist wissenschaftlich erwiesen, dass unser Gehirn ununterbrochen aktiv ist, dass wir praktisch ständig denken. Wenn wir das erkennen und beobachten, können wir auch lernen, uns von Gedanken, die unsere Kraft und Konzentrationsfähigkeit schwächen, zu befreien. Das heißt: *Ich gewinne innere Stärke, indem ich mein Denken kontrolliere.* Je weniger wir denken, umso stärker und glücklicher werden wir.

Der Mann und der Leopard

Ein Mann war auf dem Weg zurück in sein Dorf. Er ging über die abgeernteten Reisfelder auf einer weiten Ebene am Waldrand entlang. Als aus dem Wald ein Leopard auf ihn zukam, sah er, dass dieser Leopard auf der Jagd war. Er hatte den Blick, den Katzen haben, wenn sie hungrig sind. Der Mann erschrak heftig, denn weit und breit gab es keinen Schutz. Das Einzige, was er sah, war ein Holzstock, der in seiner Nähe lag. Er hatte den Leoparden fest im Blick. Auch das Tier sah ihn ununterbrochen mit seinem jagenden Katzenblick an und kam dabei auf ihn zu. Der Mann griff sich den Stock und behielt ihn fest in seiner Hand. Der Stock war seine einzige Chance, sein Leben gegen den Leoparden zu verteidigen. Der Leopard zögerte, ob er angreifen oder sich zurückziehen sollte, denn er spürte die Entschlossenheit des Mannes, sich zu wehren. Das Tier näherte sich nicht weiter, sondern lief parallel zu dem Mann, der in Richtung Dorf weiterging. Der Mann hatte den Stock fest umschlossen, behielt den Leoparden im Blick und blieb so ruhig es ihm möglich war, gewillt, sein Leben zu verteidigen. Schließlich erreichte der Mann die Dorfgrenze, und der Leopard verschwand wieder in den Wald. Der Mann warf den Stock weg. Dieser zerbrach in tausend Stücke. Er war morsch.

Kontrolle
über das Denken

Ein Großteil unserer Gedanken – etwa 90 Prozent – läuft nicht planvoll und zielgerichtet ab, vielmehr sind sie ungeordnet und wiederholen sich ständig. Oft sind sie sogar schädlich, weil sie wie die Geier um noch nicht gelöste oder noch nicht einmal bestehende Probleme kreisen. Der Gedankenstrom ist fast immer sorgenvoll, grüblerisch und energieraubend.

In der Geschichte »Der Mann und der Leopard« hat die Gefahrensituation den Mann dazu gebracht, störende Gedanken auszuschalten und nicht durch Grübeln – Wie weit ist es noch zum Dorf? Warum hilft mir keiner? Was, wenn der Stock morsch wäre? – in Unruhe zu geraten und so sein Leben zu gefährden. Einfach die gedankliche Vorstellung eines soliden Stocks und die Konzentration darauf verhelfen ihm zu innerer Stärke. Dadurch erzeugt er den Eindruck von Wehrhaftigkeit zunächst gegenüber sich selbst und danach gegenüber dem Leoparden, der das wahrnimmt und deshalb vorsichtig wird. Hätte der Mann von Anfang an gewusst (oder gedacht), dass der Stock morsch ist, hätte er mehr Angst gehabt, Unsicherheit gezeigt, und der Leopard hätte ihn deshalb vermutlich gefressen.

Was in Ausnahmesituationen (Gefahr) häufig gelingt, will im Alltag aber meist nicht so recht klappen. Hier werden wir von unseren (unbewussten) Gedankenströmen beherrscht. Deshalb sollten wir lernen, uns das Denken bewusst zu machen, es zu kontrollieren und zu reduzieren. Indem wir uns von einem Großteil unserer Gedanken befreien, entsteht eine Grundstimmung des inneren Friedens, der inneren Ruhe und der angenehmen Gefühle. Durch die Abwesenheit von Gedanken stärken wir uns innerlich.

Wie Gedanken entstehen

Bevor wir darangehen, unsere Gedanken zu reduzieren und unseren Geist zu fokussieren, ist es hilfreich, sich erst einmal klar zu machen, wie Gedanken überhaupt in den Kopf kommen. Zum einen denken wir natürlich, um unseren Alltag zu regeln, um zu planen, zu reflektieren, um Fehler zu analysieren und aus ihnen zu lernen. Das ist bewusstes, auf die alltäglichen Herausforderungen ausgerichtetes Denken. Und darauf können und wollen wir auch nicht verzichten. Wie aber steht es mit den schon erwähnten schädlichen Gedanken, die uns vom Wesentlichen ablenken und negative Gefühle verursachen, oder mit den Gedanken, die ganz plötzlich aus der Tiefe der Seele auftauchen und uns mit lange unbewusst gewesenen Dingen konfrontieren?

INFO

Frei von Leid

Versuchen Sie, sich an einen Moment zu erinnern, in dem Sie wirklich innerlich ruhig waren, frei von störenden Gedanken. In welcher Situation war das? Was haben Sie in dem Augenblick gefühlt und erlebt? Vermutlich Stille, Zufriedenheit, ein Glücksempfinden, sehr wahrscheinlich war dieser Augenblick frei von Leid. Martin Seligmann, Begründer der Positiven Psychologie, hat herausgefunden, dass Gefühle der Verbundenheit, Zugehörigkeit und menschlichen Nähe (siehe Abbildung auf Seite 20), wie wir sie in unserer frühen Kindheit erfahren haben, aktiviert werden, wenn wir zur Ruhe kommen, Stille einkehrt, wenn wir nicht oder kaum denken.

Auslöser für die Gedankenschleifen

Die meisten Gedanken werden angestoßen durch Reize und Wahrnehmungen von außen. Wie im Bewusstseinsrad (siehe Abbildung Seite 23) dargestellt, nehmen wir zunächst etwas wahr, beispielsweise das Geräusch eines Flugzeugs. Diese Wahrnehmung wandert in unser Gehirn: Aha, das ist ein Flugzeug. Der Gedanke »Flugzeug« ist in diesem Moment noch neutral, ohne Wertung und Gefühle. Doch schon im nächsten Moment kommen unsere Gedanken ins Rollen, und unsere Wertungsinstanz wacht auf. Je nach Einstellung geht es weiter: Bin ich der Meinung, »Flugzeug macht Lärm, das stört mich, weil ich Ruhe will«, dann entsteht ein unangenehmes Gefühl, eine negative Wertung. Fliege ich aber schon seit Kindertagen für mein Leben gern, verbinde ich mit Flugzeugen positive Erinnerungen, dann entstehen angenehme Gefühle. Das Bewusstseinsrad ist in beiden Fällen in Gang gekommen. Die Wahrnehmung hat Gedanken ausgelöst und diese wiederum Gefühle.

Nicht immer ist es allein die unmittelbare Wahrnehmung, die Gedanken auslöst. Diese können auch aus dem entstehen, was wir als Erinnerungen abgespeichert haben. Riechen wir zum Beispiel Gebäck, das nach Vanille und Zimt duftet (umittelbare Wahrnehmung), entsteht dabei in uns zunächst vielleicht nur ein Bild der Erinnerung, zum Beispiel, wie wir mit unserer Oma an Weihnachten zusammen Plätzchen gebacken haben. Dieses Erinnerungsbild löst dann wiederum ganze Kaskaden von Gedanken in unserem Kopf aus: wie es in der Küche damals ausgesehen hat, wie wir uns einmal am heißen Backofen verbrannt und dann geweint haben, wie wir von der Schokoladenglasur oder vom Zuckerguss genascht haben, wie lieb oder streng unsere Oma war, dass sie inzwischen vielleicht gestorben ist und ihr Tod uns sehr traurig gemacht hat. Unsere Gedanken und Gefühle gehen dann vom Hundertsten ins Tausendste, wir schwelgen in Erinnerungen.

3

> Mit der Zeit bekommt die **Seele**
> die **Farbe** der **Gedanken.**

[Mark Aurel]

Es sind diese unbewussten Gedankenschleifen, die Tagträumereien, die uns aus der Gegenwärtigkeit bringen, Zeit, Energie und oft auch Lebensfreude rauben.

Gedanken aus der Tiefe

Ohne offensichtliche äußere Einflüsse können Gedanken aber auch wie aus dem Nichts auftauchen. Wir nehmen dann nichts Besonderes von außen wahr, sondern sind still und innerlich ruhig. In diesem Zustand kann es sein, dass aus uns selbst heraus ein Gedanke, ein Geistesblitz auftaucht. Häufig sind solche Gedankenblitze noch nicht vom Gehirn verarbeitete Erfahrungen, und oft handelt es sich um alte, schmerzhafte Erinnerungen oder auch um etwas, was wir uns vorwerfen. Manchmal sind solche plötzlichen Gedanken auch schöne, positive Erinnerungen oder kreative Geistesblitze. Die Hirnforschung hält es für sehr wahrscheinlich, dass in einem körperlich und geistig besonders entspannten Zustand mit einer Art Zufallsgenerator eine alte Erinnerung freigesetzt wird. Man kann es sich so vorstellen, dass ein paar Nervenzellen (Neuronen) anfangen zu feuern, wodurch ein Gedanke (etwa eine Erinnerung) im Unterbewusstsein gelöst und nach oben ins Bewusstsein transportiert wird. Denken Sie an einen See, dessen Wasseroberfläche nie ganz ruhig ist, weil Fische, Insekten und der Wind immer für Bewegung sorgen. Erst wenn diese Faktoren wegfallen und die Wasseroberfläche einmal wirklich bewegungslos wäre, könnten wir wahrnehmen, wie von ganz unten aus einer Quelle Bläschen nach oben sprudeln. Die würden wir normalerweise, wenn der See bewegt ist, wenn alles Mögliche davon ablenkt, gar nicht registrieren.

Vergleichbares passiert übrigens in Träumen. Auch hier können manchmal Bilder an die Oberfläche gelangen, die mit noch nicht verarbeiteten Ereignissen zusammenhängen. Die Beschäftigung mit Träumen oder derartigen Geistesblitzen aus dem Unterbewusstsein eröffnet uns die Chance, uns damit nachträglich auseinanderzusetzen. Wir können uns nun diese aussortierten Erlebnisse und Gedanken anschauen, sie annehmen, bearbeiten und schließlich auch loslassen.

Ob seltene Geistesblitze oder der unablässige Gedankenstrom: Das Wichtigste ist, dass wir lernen, unsere Gedanken möglichst genau wahrzunehmen, sie uns bewusst zu machen und dadurch zu kontrollieren.

So stärken wir uns innerlich! Beginnen Sie mit folgender Übung.

ÜBUNG

Das Denken fokussieren

Versuchen Sie zunächst, Ihr Denken zu sammeln, das heißt, auf etwas zu fokussieren. Dafür eignet sich bestens der eigene Atem. Richten Sie Ihre Aufmerksamkeit also auf das Einatmen, das Ausatmen, die Atempause – nichts weiter. Wenn Sie merken, dass Ihre Gedanken abschweifen – was immer wieder passieren wird –, kommen Sie immer wieder auf Ihre Atmung zurück – das Einatmen, das Ausatmen, die Atempause. Zusätzlich hilft es, wenn Sie sich im Geiste sagen: »Es denkt« zum Einatmen, »Es denkt« zum Ausatmen. Üben Sie fünf bis zehn Minuten lang, am besten mehrmals täglich.

Das **Denken**
wahrnehmen

In der Regel fällt es uns bedeutend leichter, die Atmung, Körperbefindlichkeiten und Gefühle wahrzunehmen als die Gedanken. Denn Letzteres erfordert viel mehr Aufmerksamkeit und wache Bewusstheit und damit auch Energie. Zudem besteht die Gefahr, dass wir einen Gedanken, dessen wir uns bewusst werden, automatisch weiterdenken. Und schon verlieren wir uns wieder in der Gedankenwelt, geraten in die Vergangenheit, in die Zukunft oder weg vom Hier ins Fantasieren und Tagträumen, schlimmstenfalls ins Grübeln und Sorgenmachen.

Deshalb braucht es einen inneren Beobachter, eine besondere Instanz, die mit Bewusstheit und Achtsamkeit und aus einer gewissen Distanz heraus wirklich nur die Gedanken beobachtet und sich nicht mit ihnen identifiziert. Damit gibt es zwei Instanzen in unserem Kopf: die Gedankenwelt an sich und etwas, das die Gedanken beobachtet. Bei der Konzentration auf die Atmung ist das genauso: In dem Moment, in dem wir die Atmung beobachten, gibt es eine zweite Instanz neben der Atmung: den Beobachter der Atmung. Alles, was unbewusst und automatisch in uns abläuft, können wir durch diese innere Instanz, die Achtsamkeit, beobachten und uns bewusst machen. Im Shaolin-Geistestraining heißt das »offene Präsenz«. Das bedeutet, wir nehmen alles, auch unsere Gedanken, wahr, so wie sie sind, wir bewerten sie nicht (siehe auch Kapitel 1), sondern lassen sie einfach zu. Das ist die angestrebte Grundeinstellung der Shaolin-Mönche – eine Einstellung von Gegenwärtigkeit, von kraftvoller innerer Ruhe, von entspannter Wachsamkeit.

Versuchen Sie, mit der folgenden Übung die Wahrnehmung Ihres Denkens zu trainieren und Ihre Gedanken zu kontrollieren.

ÜBUNG

Erkennen, dass man denkt

→ 1. Fragen Sie sich in den unterschiedlichsten Alltagssituationen, etwa im Supermarkt an der Kasse, beim Autofahren, in der S-Bahn oder beim Fernsehen: »Was denke ich gerade?« Versuchen Sie das jeden Tag, so oft wie möglich. Auf diese Weise werden Sie feststellen, dass Sie in *jedem* Moment denken, dass Sie – unbewusst – immer irgendwelche Gedanken haben. Sich bewusst zu werden, dass wir eigentlich permanent denken, ist der erste Schritt, Kontrolle über das Denken zu gewinnen.

→ 2. Wenn Sie die Gedanken bewusst wahrnehmen, bedienen Sie sich bei der Übung immer wieder der Formulierung: »Es denkt.« Oder: »Da denkt etwas«. So vermeiden Sie leichter, dass Sie sich mit dem Inhalt der Gedanken beschäftigen, vom Hundertsten ins Tausendste kommen, weggespült werden vom Strom der Gedanken. Sie nehmen dann nur das Denken an sich wahr, das »Hintergrundrauschen« im Gehirn.

→ 3. Nun können Sie frei entscheiden, ob Sie sich wirklich mit dem Inhalt eines Gedankens beschäftigen (und nicht er sie beschäftigt!) oder ihn vielleicht später wieder aufgreifen wollen. Sie können Ihr Denken aber auch auf etwas anderes konzentrieren, vielleicht auf Ihre Atmung oder ein schönes Bild, etwa den Sonnenuntergang vor dem Fenster, der Sie ebenfalls zur gedanklichen Konzentration animieren kann.

Mit dieser Übung gewinnen Sie Kontrolle über Denkprozesse und Gedankeninhalte. Sie sind nicht mehr Opfer Ihrer Gedanken und damit auch nicht der daraus resultierenden Gefühle. Sie können selbst entscheiden, was Sie in Ihre Gedankenwelt hineinlassen und was Sie vorüberziehen lassen. So erzeugen Sie innere Klarheit, Konzentration und Stärke!

3

Außenreize reduzieren

Da wir wissen, dass die Wahrnehmungen von außen unsere Gedan-
kenmaschinerie in Gang setzen, ist der logische Schluss, diese äußeren
Einflüsse zu reduzieren. Gerade in der heutigen Zeit gibt es unzählige
äußere Reize durch Fernsehen, Telefonieren zu Hause und unterwegs
und die Beschäftigung mit dem PC: mailen, surfen, twittern, chatten
und so weiter. Zudem überfluten uns überall bunte Bilder dessen, was
wir alles kaufen können, in Schaufenstern, auf Werbetafeln, in der
Onlinewerbung oder auf Wurfsendungen. Beim Fernsehen können
wir aus einer Fülle von Sendern, Programmen und Spartenkanälen
auswählen – und dann ist da ja noch unsere ständig wachsende
Video- und DVD-Sammlung.

Auch wenn uns all diese Reize, denen wir uns meist freiwillig aussetzen,
kurzzeitigen Genuss (wie beim Schokolade-Essen) verschaffen, mittel-
und langfristig und in der Summe tun sie uns nicht gut. Denn das
durch sie beschleunigte unbewusste Denken führt zu innerer Unruhe
und negativen Gefühlen und Zuständen, wie starkes Verlangen (bis
hin zu Genusssucht), Nervosität, Ungeduld, Gereiztheit, Langeweile,
Aversionen, Ärger, Neid und Rechthaberei. Auf diese Art entsteht viel
unnötiges Leid.

Deshalb sollten wir uns der Reizüberflutung entziehen und die Reize der
Außenwelt reduzieren. Denn möglichst wenige Außenreize sind sehr
förderlich für die innere Ruhe, wie wir an den Shaolin-Mönchen,
aber auch an christlichen Ordensleuten sehen können. Das Kloster-
leben ist besonders arm an Reizen: Es gibt kein Abendprogramm
und kein Nachtleben, man geht früh zu Bett, der Tagesablauf ist
klar strukturiert, man tut seine Arbeit, macht seine Meditationen
oder verrichtet seine Gebete, isst und ruht. – Kein Wunder, dass
immer mehr gestresste Menschen sich solche Orte für eine Auszeit
suchen!

ÜBUNG

Die Kunst des Weglassens

➔ Machen Sie eine Liste mit Reizen, denen Sie sich täglich oder häufig aussetzen: Fernsehen, Radio, Telefon, Internet, E-Mail, Zeitschriften, Tageszeitung, Einkaufen …

➔ Fragen Sie sich dann: Muss ich wirklich jeden Abend stundenlang durch verschiedene Sender zappen? Muss ich wirklich immer nebenbei, ob beim Autofahren oder Kochen, das Radio laufen lassen? Muss ich wirklich am freien Wochenende noch eine exzessive Shoppingtour machen?

➔ Entscheiden Sie nun, was Sie ändern könnten: Wie wär's mit einem fernsehfreien Abend pro Woche? Das Radio auslassen, wenn es nur der Hintergrundberieselung dient. Das Handy zu Hause ausschalten. Eine Woche »Facebook-Fasten« …

Eine kritische Auswahl treffen

Wir sollten also reduzieren, aber auch bewusst auswählen und entscheiden, was wir in unsere Gedankenwelt hineinlassen wollen. Wenn wir beispielsweise Nachrichten oder einen Spielfilm ansehen, in dem schlimme Dinge passieren, dann sind diese in uns und belasten uns. Dasselbe gilt für zwischenmenschliche Kontakte: Haben wir eine Freundin, die immer nur von schlechten Gefühlen, von Beziehungsstress und Problemen in der Arbeit redet, färbt das auf uns ab. Ihre Äußerungen und Gefühle beschäftigen uns, wir denken darüber nach und kommen so in eine geistige Unruhe. Wir sollten also wohl überlegen, ob wir einen Film tatsächlich sehen und uns wirklich so oft mit der Freundin treffen wollen. Oder wollen wir nicht lieber Menschen und Dinge suchen, die etwas Positives ausstrahlen und uns inspirieren?

Sich von Gedanken befreien

Vielleicht sind Sie durch die vorigen Übungen bereits in einen Zustand der inneren Ruhe und Gedankenfreiheit geraten oder immerhin in die Nähe eines solchen Zustands. Wie aber schaffen wir es, das bewusst und gewollt zu erreichen? Damit wir lernen, uns wirklich von unseren Gedanken zu befreien, sollten wir zunächst Ausschau halten nach Situationen im Leben, in denen wir voll und ganz in einer Sache aufgehen, in denen der Kühlschrank der inneren Gedanken nicht brummt und die Wellen an der Oberfläche des Sees ruhig werden.

Momente der Hingabe

Jeder hat wohl schon einmal die Erfahrung des Außer-sich-Seins oder des Aus-der-Welt-Seins gemacht. Das passiert immer dann, wenn wir unseren Fokus voll auf ein Thema oder eine Sache richten, uns ganz darauf konzentrieren und einlassen. Lassen wir uns zum Beispiel von einem Buch oder einem Film mitreißen, tauchen wir ganz in das andere Geschehen ein, vergessen wir uns (genauer: unser Ego) für einen Moment oder einige Zeit. Ähnliches gilt für Arbeit, Sport und Spiel, ja für praktisch alle Tätigkeiten, die aus innerer Stille und mit Fokus verrichtet werden: Egal, ob wir Tennis spielen oder ein Stück Holz bearbeiten, kochen, ein Konzept entwerfen oder eine Unterhaltung führen: Wir können darin völlig aufgehen, sind hingebungsvoll konzentriert und gegenwärtig, im freien Fluss des Lebens, einfach nur im Sein. So erschaffen wir innere Stärke und Qualität nach außen! Wir können sogar in einen enormen Glückszustand, einen »Flow« geraten (siehe Info auf der gegenüberliegenden Seite). Das Entscheidende ist, dass wir uns einer Tätigkeit voll hingeben und ganz im Tun aufgehen, kreativ sind – ohne zu denken! Diese Form der Hingabe ist auch in Momenten möglich, wenn wir ganz für andere Menschen da sind, uns mit jemandem unterhalten und voller Empathie bei ihm sind. Es geht also darum, dass wir hingebungsvoll fokussiert sind, das heißt voll und ganz auf etwas ausgerichtet sind und dabei keine ablenkenden Gedanken in unserem Kopf herumgeistern. Hingebungsvoll fokussiert gelingt es uns, unsere Einstellungen und Meinungen loszulassen, wir sind offen und präsent für andere Menschen, für das Geschehen im Buch oder im Film, für das Werkstück auf der Bank, die Zutaten für eine Mahlzeit oder die Ideen für unser Konzept.

INFO

Flow – das Glück der Hingabe

Ursprünglich hat der Forscher Mihaly Csikszentmihalyi die Flow-Theorie mit Hinblick auf den Sport formuliert. Heute gilt der Flow-Zustand in der modernen Psychologie als einer der glücklichsten, kreativsten und auch effektivsten menschlichen Seinszustände. »Flow« lässt sich umschreiben als Gefühl des völligen freudvollen Aufgehens in einer Tätigkeit, bis hin zum Tätigkeitsrausch. Flow entsteht, wenn mentaler Fokus, Herzschlag, Atmung und Blutdruck optimal synchronisiert sind. Bei einem Flow kommen mehrere Komponenten zusammen: Wir üben voll konzentriert und selbstvergessen eine Aktivität aus, die zielgerichtet ist und über die wir die Kontrolle haben. Dabei sollen die Anforderungen so hoch sein, dass sie unsere volle Konzentration erfordern und weder Langeweile noch Überforderung entsteht. So verschwinden die Gedanken über uns selbst und dadurch unser Zeitgefühl. Handlung und Bewusstsein verschmelzen.

Fokussieren

Das Kernmuster eines Flow oder der Hingabe ist im Grunde ganz einfach: Wir richten unseren Fokus voll und ganz auf eine Sache – und befreien uns dadurch von überflüssigen Gedanken. Dafür gibt es verschiedene Techniken, die uns dabei unterstützen können. Eine Möglichkeit, unseren Kopf frei zu machen, ist zum Beispiel, dass wir uns in einen positiv stimmenden Film oder in ein positiv fesselndes Buch hineinvertiefen. Besonders förderlich sind jedoch Geistestrainings, wie Sie sie auch in diesem Buch finden. Die Shaolin-Mönche betreiben entsprechende Übungen zum Beispiel körperlich im Qigong, Kung Fu oder bei ihrer täglichen Arbeit. Geistig üben sie in sitzenden Meditationen, beim Studium buddhistischer Texte oder ebenfalls bei ihrer Arbeit.

Dabei ist es nicht so entscheidend, was wir machen, ob wir etwa still sitzen oder in Bewegung sind, studieren oder mit den Händen arbeiten. Das Wesentliche ist, dass wir unsere gesamte Energie auf einen Punkt lenken – um dann zu merken: Aha, da ist jetzt wieder ein Gedanke. Diesen können wir dann als solchen benennen und wieder ziehen lassen, ohne ihn weiterzuspinnen, ohne ihn zu beurteilen. Dann können wir sogleich freundlich, aber bestimmt wieder zum eigentlichen Fokus zurückzukehren: zur Qigong-Übung, zum Gemüseschnippeln, Malen, Tanzen oder Arbeiten.

Den inneren Beobachter aktivieren

Sobald wir merken, dass »es denkt« in unserem Kopf, haben wir die Freiheit zu entscheiden: Da denke ich jetzt nicht weiter, ich richte meinen Fokus auf das, was ich gerade tue, ich richte meine Aufmerksamkeit auf die Atmung, die Bewegung oder auf den Menschen gegenüber. Denn warum eigentlich sollen wir einen Gedanken, der uns jetzt stört, den wir vielleicht schon 763-mal gedacht haben, der uns Kummer und möglicherweise sogar Schuldgefühle macht, auch noch zum 764. Mal denken? Also schalten wir unseren inneren Beobachter ein, der wie ein Fahrkartenkontrolleur zu unseren Gedanken sagt: »Keine gültige Fahrkarte, bitte aussteigen!« So zwingen uns die Gedanken nicht mehr in eine bestimmte Richtung, wir sind frei, das zu tun, was wir möchten. Mit der Zeit wird unser innerer Beobachter, unsere Achtsamkeit wachsen, und es wird uns immer besser gelingen, im Alltag und auch in schwierigen Situationen das Bewusstseinsrad, in dessen Mühlen wir so leicht immer wieder geraten, anzuhalten. So gewinnen wir innere Stärke!

ÜBUNG

Über die Atmung Gedanken beruhigen

Spannen Sie Ihren Arm voll an und halten Sie diese Spannung, bis Sie zittern. Achten Sie dabei auf Ihre Atmung und schauen Sie, was dabei im Kopf mit Ihren Gedanken passiert. Beobachten Sie, während Sie die Spannung weiter halten, Ihre Atmung und Ihre Gedanken, immer im ständigen Wechsel. Sie werden feststellen, dass Ihre Atmung bei angespanntem Arm flach ist und die Gedanken schneller rasen. Beim Entspannen des Arms wird die Atmung wieder tiefer und die Gedanken weniger und ruhiger. Es gibt also einen direkten Zusammenhang zwischen der Atmung und den Gedanken. Die Gehirnforschung hat diesen Zusammenhang untersucht und ist zu folgendem Ergebnis gekommen: Je tiefer die Atmung, umso weniger und ruhigere Gedanken, je schneller die Atmung, umso flatterhafter die Gedanken. Wollen wir also unsere Gedanken zur Ruhe bringen, sollten wir uns erst entspannen. Dann wird unsere Atmung ruhiger – und mit ihr die Gedanken.

Prüfe deine Gefühle

4

→ Nicht nur unsere Gedanken, sondern auch unsere Gefühle können sehr beherrschend sein. Aber auch die Gefühle können wir beeinflussen. Gemäß dem Motto: *Ich entwickle innere Stärke, indem ich auf meine Gefühle achte und sie annehme,* können wir störende Gefühle, die uns schwächen, mit der Zeit loslassen. Und wir können lernen, positive Gefühle, wie etwa Mitgefühl oder Mitfreude, für unser inneres Wachstum nutzbar zu machen.

Auch dies geht vorbei

Ein Häftling im Gefängnis war voller Angst und sehr niedergeschlagen, denn er hatte viele Jahre abzusitzen. Die steinernen Wände seiner Zelle saugten jegliche Wärme auf, die harten Eisengitter höhnten dem Mitgefühl. Der Klang aufeinanderprallenden Stahls ließ erahnen, hinter wie vielen Toren die Hoffnung weggeschlossen wurde. Am Kopfende seines Lagers entdeckte er folgende Worte in die Wand geritzt: »Auch dies geht vorbei.« Dieser Satz half ihm durch die schwierige Zeit – wie er wohl auch dem Häftling vor ihm Mut gemacht hatte. Ganz gleich, wie schlimm es wurde, er dachte: »Auch dies geht vorbei.« Am Tag seiner Entlassung erkannte er die tiefe Wahrheit hinter diesen Worten. Er hatte seine Strafe abgesessen. Die Zeit im Gefängnis war tatsächlich vorbeigegangen. Als er wieder ins normale Leben zurückkehrte, dachte er oft an diese Botschaft. Und in schlechten Zeiten halfen ihm die Worte: »Auch dies geht vorbei.« Wenn gute Zeiten anbrachen, genoss er sie, aber nie allzu sorglos, denn er entsann sich der Worte: »Auch dies geht vorbei.« Am Ende seines Lebens flüsterte er seinen Lieben zu: »Auch dies geht vorbei.« Und er fand einen ruhigen Tod. Seine Worte waren ein letzter Liebesdienst für seine Familie und Freunde. Sie hatten von ihm gelernt, auch die Trauer geht vorbei.

Kontrolle
über die Gefühle

Unsere Gefühle sind kein Schicksal, dem wir hilflos ausgeliefert sind. Genau wie im Umgang mit unseren Gedanken lohnt es sich, Gefühle bewusst wahrzunehmen, sich aktiv mit ihnen auseinanderzusetzen und sie über unsere Kraft der Vorstellung (Imagination) und über die Veränderung unserer Einstellung auf eine förderliche Art zu beeinflussen. Wie in der Shaolin-Geschichte »Auch dies geht vorbei« können wir zunächst über einen Gedanken, eine Imagination (»Auch dies geht vorbei.«) eine fühlbare Erleichterung schaffen. Durch vielfache Wiederholung dieser Imagination entsteht eine neue Einstellung, zunächst gegenüber der momentanen Situation, mit der Zeit kann sich aber auch eine neue Lebenseinstellung entwickeln. Sie hilft uns – auch in schweren Zeiten –, Leid zu mindern und mehr Zufriedenheit zu erzeugen.

Einfluss auf unsere Gefühle gewinnen wir zunächst über unseren inneren Beobachter, unsere Innenwahrnehmung und Selbstachtsamkeit. Sie haben diese wichtige innere Instanz bereits im Zusammenhang mit den Gedanken kennengelernt. Auch im Umgang mit unseren Gefühlen leistet sie uns hilfreiche Dienste. Mit ihrer Hilfe können wir unmittelbar erspüren, welche Gefühle gerade da sind, sie beobachten und sie einfach so sein lassen, wie sie sind. Dadurch nehmen wir die Gefühle an, ohne sie zu bewerten oder sie verändern zu wollen. Letzteres tun sie dann von ganz allein: Sie wandeln sich, wie alles sich stets wandelt. Beobachten wir weiter, werden wir das schon nach kurzer Zeit feststellen. Denn es gibt kein Gefühl, das permanent und immer in der gleichen Intensität da ist. Wir können also unsere Gefühle genauso kontrollieren wie unsere Gedanken. Und vor allem können wir dadurch besser mit unseren Störgefühlen (siehe Seite 65) umgehen.

Gefühle nicht nur erdulden

Naturwissenschaftlich betrachtet sind Gefühle chemische Verbindungen, die aus bestimmten Hormonen bestehen und ähnlich wie die Nahrung vom Körper verstoffwechselt werden. Allein diese Tatsache zeigt schon, dass Gefühle vergänglich sind. Wie alles andere auch, verändern sie sich permanent. Gefühle kommen und gehen.

Auf Gefühle Einfluss nehmen

Dass Gefühle das Ergebnis von Gedanken sind, haben wir bereits in Kapitel 1 und 3 beschrieben. Testen Sie nun einmal selbst, dass Sie Ihre Gefühle auch über Ihre Gedanken beeinflussen können: Setzen Sie sich hin und denken Sie an etwas Schönes, vielleicht an einen geliebten Menschen oder eine glückliche Situation. Wenn Sie diesem Gedanken Raum geben, entsteht nach etwa einer halben Minute ein gutes Gefühl. Das funktioniert auch umgekehrt, wenn Sie an etwas Negatives denken, etwa was alles Schlimmes passieren könnte, wenn Ihr Kind alleine die Straße überquert. Wenn Sie sich dieser Vorstellung hingeben, werden sorgen- und angstvolle Gefühle nicht lange auf sich warten lassen.

> **Jeder ist seines Glückes Schmied.**
>
> [Sallust]

Neben dieser Gedanken-Gefühls-Kette entstehen Gefühle auch aus dem Körper heraus. So signalisiert uns der Körper zum Beispiel durch das Hungergefühl, dass wir uns um etwas Essbares kümmern sollen. Ein Gefühl von Müdigkeit lässt uns ins Bett gehen, ein Durstgefühl etwas zum Trinken suchen. Wenn also Gefühle über Gedanken und den Körper entstehen, können wir umgekehrt auch über diese Wege unsere Gefühle beeinflussen und verändern – wenn wir das wollen!

Der Einfluss über den Körper ist bei den körperlichen Bedürfnissen am offensichtlichsten: Um das Hungergefühl zu verändern, essen wir etwas – und rasch wird aus dem Gefühl des Appetits eines der Sättigung. Aber auch auf komplexere Gefühle können wir körperlich Einfluss nehmen. So bessern sich Störgefühle wie Ärger, Unruhe, Wut und Trauer in der Regel dann, wenn wir uns körperlich bewegen, etwa eine Runde um den Block laufen, Sport treiben oder Qigong-Übungen praktizieren. Gerade den Körperübungen kommt eine wichtige Bedeutung zu, denn durch sie können wir beschleunigt und ganz gezielt auf unsere Gefühle einwirken. Mehr dazu erfahren Sie im Kapitel »Den Körper kräftigen« ab Seite 97.

Störgefühle erkennen

Unter Störgefühlen verstehen die Buddhisten, auch die der Shaolin-Tradition, alle starken, »anhaftenden und ablehnenden« Gefühle (egal ob sie ursprünglich positiv oder negativ besetzt sind), bei denen wir keine freie Wahl mehr haben. Störgefühle sind Gefühle, denen wir ausgeliefert sind, die wir (kurzfristig) kaum oder nicht mehr unter Kontrolle haben. Wie auf Seite 38–39 erläutert, zählen dazu alle Gefühle, die uns zu etwas hinziehen (»hin zu«) oder von etwas abstoßen (»weg von«), also alles, was uns aus unserer Mitte (Gelassenheit) bringt. Das können auf der einen Seite Aversionen wie Ärger, Eifersucht, Neid, Ekel, Hass oder Wut sein, auf der anderen Seite starke Wünsche wie bei Gier, Sucht und heftigem Verlangen. Beispiele solcher Störgefühle sind ärgerliche oder neidische Ablehnung und Abwertung eines

Mitmenschen oder das starke Verlangen nach einer Zigarette, nach Sex oder Schokolade. Obwohl uns die Letzteren ursprünglich Genuss bereiten, werden sie durch ein starkes und unkontrolliertes Verlangen zu Anhaftungen, die uns aus unserer inneren Ruhe, unserer eigenen Mitte bringen. Dadurch verlieren wir Energie, Fokus und innere Stärke! Es gibt aber noch eine ganze Bandbreite weiterer Störgefühle, die zwar nicht so extrem, aber trotzdem störend sind – und zwar sowohl für uns, als auch für unsere Umgebung. So erzeugen innere Unruhe, Ungeduld, Hektik, Trägheit, Rechthaberei oder ein anhaltendes Genervtsein ein permanentes emotionales »Hintergrundrauschen«, das wie die Gedankenflut in unserem Kopf letztlich Leid erzeugt.

INFO

Sündhafte Störgefühle

Nicht nur der Buddhismus, auch das Christentum kennt Störgefühle. Hier werden sie »Die sieben Todsünden« genannt: Hochmut, Geiz (Habgier), Wollust, Zorn, Völlerei, Neid und Trägheit. Dass diese Laster oder schlechten Charaktereigenschaften, aus denen die eigentlichen Sünden entstehen, selbst als »Sünden« bezeichnet werden, entspricht dem westlichen Denken, das starke Gefühle und Begierden von vornherein negativ bewertet, diese (konsequenterweise) ausschalten möchte und sie deshalb zu Sünden erklärt. Mit dieser Einstellung ist eine Kultur des Verdrängens verbunden, die symptomatisch für unsere westliche Konsumgesellschaft ist: Wir tun alles, um unangenehme Gefühle und Zustände so schnell wie möglich loszuwerden oder nicht aushalten zu müssen. Wir lenken uns ab und betäuben uns zur Not auch mit Beruhigungstabletten, Alkohol und anderen Drogen.

Störgefühle annehmen und loslassen

Die Shaolin-Strategie, mit Störgefühlen umzugehen, ist eine ganz andere als die der christlich geprägten westlichen Welt (siehe Info auf Seite 66): Hier geht es nicht um Bewertung und Verdrängung. Die Gefühle werden zunächst wahrgenommen, so wie sie sind, ohne sie zu be- oder verurteilen oder loswerden zu wollen. Dieser Haltung liegt wieder die buddhistische Vorstellung zugrunde, dass ohnehin alles im Wandel ist. Ähnlich wie Gedanken, Körperbefindlichkeiten oder die Atmung können wir deshalb auch unsere momentanen Gefühle einfach nur registrieren: Aha, ich spüre gerade Ungeduld in mir, etwas Rechthaberisches, Trauer, Neid … Wenn wir unsere Gefühle achtsam wahrnehmen und sie sein lassen, was sie sind, nämlich momentane Gefühle, dann haben wir den entscheidenden Schritt des Annehmens getan. Unser innerer Beobachter ist aktiviert und verhindert, dass unsere Gefühle uns beherrschen oder aus dem Ruder laufen.

Aufmerksam beobachten

Wichtig beim Umgang mit unseren Störgefühlen ist, stets etwas mehr Energie und Aufmerksamkeit auf den inneren Beobachter zu lenken als auf das Gefühl selbst, um sich nicht im momentanen Gefühl zu verlieren. Damit das gelingt, fragen Sie sich zunächst, was Sie gerade fühlen, ohne etwas verändern zu wollen, ohne zu werten. Durch das Benennen des jeweiligen Gefühls – zum Beispiel: »Da ist Ärger«– unterstützen wir den Fokus der Beobachtung!

Mit dem Körper arbeiten

Lenken Sie die Aufmerksamkeit Ihres inneren Beobachters dann auf die Körperempfindungen, die mit dem Gefühl verbunden sind. Zum Beispiel: »Ich spüre, wie es in der Wadengegend kribbelt, spüre mein

Herz schneller schlagen« – je nachdem wie sich das Gefühl im Körper zeigt. Dank unserer Physiologie gibt es nämlich kein Gefühl, das nicht direkt im Körper zu spüren ist. Und das hilft ebenfalls, die eigenen Gefühle neutral anzusehen.

Störgedanken vermeiden

Die Kunst besteht also darin, wirklich nur in der Wahrnehmung zu verharren, ohne dass sich Vorwürfe dazugesellen, wie etwa: »Ich bin jetzt ärgerlich, daran ist der XY schuld, weil der hat wieder was Falsches gesagt …«, oder auch Selbstvorwürfe: »Hätte ich das bloß anders gemacht, dann wäre es gut gewesen!« Durch solche Gedanken heizen wir das Gefühl in uns immer wieder von Neuem an, als ob wir ständig Holz ins Feuer legen. Gelingt es uns dagegen, die Gefühle wahrzunehmen und anzunehmen, geht das Feuer der Störgefühle langsam und von ganz alleine aus. Sie werden uns dann nicht länger beherrschen, und das macht uns innerlich stark.

ÜBUNG

Gefühle fokussieren

Versuchen Sie zunächst, sich auf ein momentan vorherrschendes Gefühl oder eine Körperbefindlichkeit zu konzentrieren, und halten Sie den Fokus dann auf dieses Gefühl, nichts weiter. Immer wenn Sie merken, dass Ihre Gedanken abschweifen oder Sie sich in dem Gefühl verlieren – was immer wieder passieren wird –, kehren Sie geduldig mit Ihrer Beobachtung wieder zu dem Gefühl zurück. Lassen Sie sich nicht von der Übung abbringen! Dabei hilft das (stille) Benennen: »Da ist Furcht« zum Einatmen, »Da ist Furcht« zum Ausatmen. Üben Sie fünf bis zehn Minuten, wenigstens einmal täglich.

Positive Gefühle
erzeugen

So wie wir Störgefühle loslassen und ausschalten können, so können wir auch positive, stärkende Gefühle in uns erzeugen. Auch dafür lässt sich das Wissen, dass aus Gedanken Gefühle entstehen, nutzen. Wichtig ist, dass wir uns dabei auf besonders starke Gefühle in uns beziehen und diese aktivieren. Solche grundlegend positiven Gefühle sind zum Beispiel die sogenannten Kernressourcen.

4

Die Kernressourcen

Unter Kernressourcen versteht man die grundlegend positiven Gefühle, die ein menschliches Wesen als Allererstes erfährt, nämlich die Verbundenheit zur Mutter und das Loslassen auf dem Weg zu den ersten eigenen Wachstumsschritten. Sie sind die ersten (in der Regel) positiven Erfahrungen, die tief in unser Gehirn eingespeichert sind, und sie können, vor allem auch in Krisenzeiten, als förderliche Ressourcen genutzt werden.

Auf unserer menschlichen Reise brauchen wir den Kontakt mit diesen beiden Kernressourcen für eine gesunde Entwicklung und um die Fülle des Lebens wahrnehmen zu können: 1. Das Gefühl, mit unserem Körper und der Welt verbunden zu sein, befähigt uns auch, dauerhafte Beziehungen mit anderen einzugehen. Wir spüren ein Urvertrauen in uns, und auf dessen Basis fühlen wir uns sicher genug, um eine gesunde Unabhängigkeit zu leben. 2. Das Loslassen sorgt für diese Unabhängigkeit und unser Wachstum. Wir wissen, was wir brauchen, und wir können für unsere Bedürfnisse sorgen und uns nähren. Wir können »Nein« sagen und Grenzen setzen. Wir können ohne Furcht unsere Meinung mitteilen.

Das Gefühl der Verbundenheit

Wie die Gehirnforschung herausgefunden hat, ist die erste Grunderfahrung, die das menschliche Gehirn macht, das Gefühl der Verbundenheit. Bereits im Mutterleib lernen wir die Erfahrung der Verbundenheit kennen: Wir sind über die Nabelschnur mit der Mutter verbunden und liegen geschützt und geborgen im warmen Fruchtwasser. Wie existenziell diese Erfahrung ist, zeigt sich, wenn während der Schwangerschaft Traumatisierungen stattfinden, etwa die Vergewaltigung der Mutter. Solche Ereignisse führen oft zum Absterben des Fetus. Der Organismus stirbt lieber, als diese traumatische Grunderfahrung ins Leben mitzunehmen.

ÜBUNG

Wie fühlt sich meine Verbundenheit an?

Erinnern Sie sich an eine konkrete Situation, in der Sie sich besonders verbunden oder geborgen gefühlt haben. Oder stellen Sie sich die Frage, was für Sie Verbundenheit, Geborgenheit oder Zugehörigkeit ist. Versuchen Sie bei den ersten Bildern oder Gefühlen zu bleiben, die dabei aufkommen, vielleicht ein geliebter Mensch, die eigenen Kinder oder eine Situation mit den Eltern aus der eigenen Kindheit. Vielleicht assoziieren Sie auch ein Naturerlebnis, etwa mit wärmender Sonne in einer friedvollen Umgebung. Geben Sie Ihrer Imagination Raum in Ihnen und spüren Sie: Wie fühlt es sich im Körper an, wenn Sie die Situation vor Ihrem Inneren ausbreiten? Ist es Weite in der Brust, Wärme im Bauch, Offenheit im Herzen? Welche Informationen über die abgespeicherte Verbundenheit sendet der Körper?

Folglich können fast alle Menschen aus dieser Quelle der Verbundenheit als Kernressource schöpfen. Sie ist in uns, und wenn auch manchmal verschüttet, so eben doch »irgendwo« vorhanden. Wir können sie wiederentdecken und immer wieder anzapfen – und so starke positive Gefühle erzeugen, die uns innerlich stärken und ein Gegengewicht zu den Störgefühlen darstellen. Die Übung auf Seite 70 zeigt Ihnen, wie Sie dabei vorgehen können.

Mithilfe der Kraft von Gedanken und Vorstellungen können wir diese Kernressource der Verbundenheit immer wieder abrufen und uns so stärken. Ähnlich wie beim Vokabellernen speichert unser Gehirn auch Gefühle durch häufige Wiederholung ab. Der Lernerfolg ist umso höher, je deutlicher wir ein attraktives Ziel vor Augen haben und unser Tun als sinnhaft einstufen (siehe Abbildungen auf Seite 13 und 20). So wie wir zum Beispiel Vokabeln lernen und wiederholen, weil wir die Sprachkenntnisse im nächsten Jahr für eine lang ersehnte Reise nutzen möchten, machen wir die Übungen, damit wir positive Gefühle erzeugen und an innerer Stärke gewinnen. Die Veränderung unserer Innenwelt wird uns gelingen, wenn wir einen starken Anreiz haben und die Sinnhaftigkeit unserer Mühen erkennen. So können wir unserem Gehirn ein Gegenmittel gegen das Gift der Störgefühle anbieten.

Dabei hilft es nicht, von einem Störgefühl sofort auf ein positives Gefühl umzuspringen – das wäre lediglich eine Verdrängung. Wie oben beschrieben, müssen wir zuerst annehmen, was ist, Gefühle wirklich spüren und beobachten, welche Reaktionen sie in uns, in unsrem Körper auslösen – ohne sie immer wieder durch Gedanken anzufachen. Auf die Art wird ein Gefühl, ähnlich der Nahrung, die wir aufnehmen, »verstoffwechselt«. Es wird zunehmend weniger, und wir können es, mit etwas Geduld, zunehmend loslassen. Mit der Zeit setzt sich ein neuer Cocktail an Hormonen zusammen, und eine neue Gefühlsmischung entsteht. Die Reihenfolge dieses Prozesses ist dabei

4

immer gleich: Das Störgefühl ist da, es ist okay, wir nehmen es an, und es wird weniger.

Verbundenheit auch wieder loslassen

Selbstverständlich kann die Urerfahrung der Verbundenheit nicht die einzige Kernressource bleiben – sonst wären wir, tatsächlich und im übertragenen Sinn, nie abgenabelt. Dazu braucht es, wie schon erwähnt, die Fähigkeit des Loslassens. Schon im Mutterleib werden die Weichen für unsere kommende Unabhängigkeit gestellt, indem wir in einem atemberaubenden Tempo wachsen: Jede Sekunde bilden sich Tausende von Gehirnzellen und Körperzellen. Irgendwann sind wir zu groß für den Mutterleib und müssen raus aus dieser Symbiose. Um auch nach der Geburt weiterwachsen zu können, und zwar körperlich wie geistig, müssen wir immer mehr unserer Verbundenheit (mit den Eltern und allem Vertrautem) aufgeben. Nur so können wir die Umgebung erkunden und die Welt entdecken.

Wie stark auch die Kernressource des Loslassens sein muss, wird deutlich, wenn wir an ein kleines Kind denken, das sich mutig ein paar Schritte von der Mutter entfernt und plötzlich vor einem Hund steht: Es erschrickt und weint und sucht sofort den Schutz der Mutter. Wir müssen viel Mut aufbringen und Ängste überwinden, wenn wir die Welt erobern wollen. Dafür ist die gleichzeitige Erfahrung der Verbundenheit so wichtig. Denn nur die Sicherheit eines geschützten Rahmens, in dem wir unsere Verbundenheit immer wieder aufnehmen können, lässt uns diese Ängste auf gesunde Weise überwinden.

Auch unser Gehirn muss diese wichtige Aufgabe meistern, den Spagat zwischen dem Geborgensein auf der einen Seite und dem Loslassen- und Wachsenkönnen auf der anderen. Je besser es gelingt, beide Kernressourcen zusammenzuführen und das Paradox der beiden aufzulösen und sie in Balance zu bringen, umso lebensstärker und

lebensfreudiger werden wir. Die Fachleute nennen das »resilient«
(siehe auch Seite 19–21). In dieser Quelle steckt die Wurzel aller
schöpferischen Kraft, aller Kreativität und forschenden Neugier, kurz:
der Selbstwirksamkeit (siehe Abbildung auf Seite 20). Jedes Indivi-
duum muss sich diesen Herausforderungen stellen, um zu wachsen
und sich weiterzuentwickeln. Die folgende Übung unterstützt Sie
dabei, ein Gegengift gegen die Störgefühle einzusetzen und eine
positive Grundeinstellung zu sich selbst herzustellen.

ÜBUNG

4

Kernressourcen aktivieren

Mit dieser Meditationsübung können Sie das Gefühl der Verbundenheit und des
Loslassens stärken. Sie ist eine Vorstufe der buddhistischen Metta-Meditation,
die Sie auf Seite 77 kennenlernen.

→ Wiederholen Sie jeden Morgen den folgenden Satz fünf Minuten lang immer
wieder, wie ein Mantra (eine Art Formel, die mehrfach wiederholt wird, mit dem
Ziel einer Bewusstseinsveränderung):

»Möge ich glücklich und verbunden sein.«

→ Zur Stärkung des Loslassens können Sie anschließend in gleicher Weise den
Satz wiederholen:

»Möge ich furchtlos sein und loslassen können.«

Sie können auch einen Satz finden, der individuell zu Ihnen passt, etwa: »Möge
ich geduldig sein und loslassen.«

Je häufiger wir diese Übung, genau in dieser Reihenfolge, wiederholen, umso
konstanter programmieren wir unser Gehirn um – und wir werden unseres eigenen
Glückes Schmied!

Das höchste der Gefühle:
Mitgefühl

In der Shaolin-Tradition wie überhaupt im Buddhismus gilt das Mitgefühl oder der Altruismus als höchster Wert und edelste Einstellung. Altruismus ist das Gegenteil von Egoismus und bedeutet unter anderem Wohlwollen und »liebende Güte« (»Metta«), aber auch Mitgefühl (»Karuna«). Es bedeutet auch, für andere da zu sein, zu geben und andere Wesen zu unterstützen. Da das auch für Tiere gilt, darf ihnen kein Leid zugefügt werden, also dürfen sie auch nicht getötet werden. Deshalb sind Buddhisten in der Regel auch Vegetarier, es sei denn, tierische Nahrung ist überlebensnotwendig wie in Tibet, wo praktisch nichts Essbares wächst. Trotz dieser pragmatischen Einstellung werden aber auch hier die Tiere sehr hoch geschätzt, gerade weil sie ihr Leben für das der Menschen opfern und diesen als Nahrung dienen.

Willst du eine Stunde Glück,
dann geh schlafen,
willst du einen Tag Glück,
dann geh in die Natur,
willst du einen Monat Glück,
dann heirate,
willst du ein Leben lang Glück,
dann helfe anderen.

[Chinesisches Sprichwort]

Auch das Christentum kennt dieses höchste der Gefühle in dem alttestamentarischen Gebot: »Du sollst deinen Nächsten lieben wie dich selbst!« Im neuen Testament wird das durch Jesu Forderung ergänzt: »Willst du vollkommen sein, so geh hin, verkaufe, was du hast, und gib's den Armen, so wirst du einen Schatz im Himmel haben.« (3. Buch Mose 19,18; Matthäus 19,19). Der gemeinsame Leitsatz von Buddhismus und Christentum könnte also lauten: »Liebe deinen Nächsten wie dich selbst – und handle danach!« Denn es geht sowohl im Christentum also auch in der Shaolin-Tradition um Unterstützen, Geben, Helfen – allerdings nicht im Sinn von Selbstaufgabe. Vielmehr ist eine gesunde Selbstliebe (»… wie dich selbst«) die Basis, um wirklich geben zu können: Mögen alle Wesen, auch ich selbst, glücklich sein, sich verbunden fühlen, Heilung finden, furchtlos sein und loslassen.

Glückliche Mönche

Interessanterweise haben die Positive Psychologie und Glücksforscher wie Martin Seligman (siehe Bücher im Anhang Seite 156) herausgefunden, dass die (objektiv messbar) glücklichsten Menschen buddhistische Mönche sind, die zum Teil seit Jahrzehnten Meditationen praktizieren, die Wohlwollen und Mitgefühl pflegen (Metta-Meditationen). Bei ihnen kann man über den Computertomografen sehen, dass der linke Vorderlappen des Großhirns, wo die Bewertungen der Glücksgefühle erfolgen, deutlich größer ist als bei den Vergleichspersonen. Das wird darauf zurückgeführt, dass diese Mönche vor allem die Metta-Meditationen permanent wiederholen, deren zentrale Aussage ist: »Mögen alle Wesen glücklich und verbunden sein.« Durch diese ständige Wiederholung der Worte und das gleichzeitige Pflegen der Vorstellung davon, wie sich Verbundenheit und Leichtigkeit, Glück und Gesundheit anfühlen, wird ihr Gehirn entsprechend programmiert, und die entsprechende innere Einstellung verfestigt sich immer mehr.

Selbstverständlich kennen auch Mönche Störgefühle, doch aufgrund ihrer Meditationsfähigkeiten werden die Mönche solche Gefühle auch rasch wieder los, sodass Dauer und Intensität von Störgefühlen mehr und mehr abnehmen – und die Glücksgefühle entsprechend länger anhalten und tiefer empfunden werden. Die Metta-Meditation mit ihrem scheinbar einfachen Kernsatz (siehe Seite 75) hat daran einen entscheidenden Anteil. Sie entfaltet eine erstaunliche Wirkung, die Sie auch selbst erreichen können. Den Einstieg können Sie mit der Meditation auf Seite 77 machen.

Die Metta-Meditation

Natürlich können wir diese höchste Form der Meditation nicht von heute auf morgen durchgängig verinnerlichen. Aber wir können sofort anfangen damit, sodass sich ab heute unser Herz für uns und alle Wesen immer weiter öffnet. Je länger wir die Meditation praktizieren, umso besser gelingt es uns, uns selbst und andere so anzunehmen, wie sie sind, mit allen Fehlern und Unzulänglichkeiten. Dabei geht es darum, dass wir ein umfassendes, annehmendes und liebevolles Gewahrsein für das, was ist, entwickeln. Durch die Metta-Meditation entwickelt sich ein Feld liebevoller Zuwendung, die alles mit einschließt.

Die Metta-Meditation stammt wie die Achtsamkeitsmeditation aus der buddhistischen Tradition, ist aber wie diese unabhängig von unserem Glauben, unserer Religion oder Weltanschauung. Hier werden wir uns nur mit der Grundübung befassen, die dazu dient, Wohlwollen und liebende Güte uns selbst gegenüber zu entwickeln. Tatsächlich ist die Metta-Meditation eine sehr umfassende und tiefgehende Praxis, die um vieles weiter reicht. Vereinfacht könnte man sagen, dass sie dazu dient, unser Herz zu öffnen und alles und jeden in unsere liebevolle Zuwendung mit einzuschließen.

Die Metta-Meditation

→ Nehmen Sie sich zehn Minuten Zeit (es darf auch etwas mehr sein) und suchen Sie sich zunächst einen Ort, an dem Sie ganz ungestört sind.

→ Finden Sie eine Art des Sitzens, die gelassen, aber doch aufrecht ist, ohne sich irgendeinen Zwang anzutun oder zu versuchen, einer äußeren Form zu entsprechen. Lassen Sie sich einfach ein wenig Zeit, um auf Ihrem Platz anzukommen, fühlen Sie nach innen zu Ihrem Körper hin.

→ Nun können Sie die Metta-Sätze mehrere Male zu sich selbst sagen. Dann warten Sie ab, um sie zu spüren und sie nachklingen zu lassen. Hier einige Beispiele:

»Möge ich glücklich sein.«

»Möge ich inneren Frieden finden.«

»Möge ich zu meiner inneren Kraft finden.«

»Möge ich leicht und unbeschwert durch mein Leben gehen.«

»Möge sich mein Herz öffnen.«

→ Probieren Sie die Sätze aus und versuchen Sie zu spüren, wovon Sie sich im Moment besonders angesprochen fühlen. Suchen Sie sich zwei oder drei Sätze aus und wiederholen Sie diese. Vielleicht finden Sie auch andere, die für Sie noch besser passen. Wichtig ist jedoch, die Sätze nicht zu oft zu wechseln, da sonst der Fokus verloren geht und der Verstand zum Springen verführt wird.

Egal, was sich in Ihrem Bewusstsein zeigt, betrachten Sie es mit Anteilnahme und echtem Interesse, ohne sich von Ihren Reaktionen mitreißen zu lassen. Wenn Sie bemerken, dass Sie abgeschweift sind, kommen Sie einfach wieder zurück zur Übung, die Sie schließlich in Ihrem eigenen Rhythmus beenden können.

4

Selbst-bewusstsein gewinnen

5

→ Sich selbst sehr gut zu kennen, ist eine wesentliche Voraussetzung dafür, in seiner Persönlichkeit zu wachsen. Denn aus Selbstbewusstsein und Selbstbewusstheit entstehen Selbstakzeptanz, Selbstvertrauen sowie die Fähigkeit zur Verantwortung. *Ich gewinne innere Stärke, indem ich Verantwortung für mich und andere übernehme* – diese Einstellung ist besonders wichtig für unser persönliches Wachstum.

Zwei mangelhafte Backsteine

Ein Mönch hatte in seinem Kloster eine Mauer zu bauen. Er gab sich die größte Mühe, alle 1000 Steine, die dafür nötig waren, gerade und gleichmäßig aufeinanderzusetzen. Als die Mauer schließlich fertig war, trat er voller Stolz einen Schritt zurück, um sein Werk zu begutachten. Da sah er – das durfte doch nicht wahr sein! –, dass zwei Backsteine schief in der Mauer saßen. Ein grauenvoller Anblick!

Eines Tages fiel der Blick eines Gastes auf das Mauerwerk. »Das ist aber eine schöne Mauer!«, bemerkte er. »Mein Herr«, erwiderte der Mönch überrascht, »haben Sie etwa einen Sehfehler? Fallen Ihnen denn nicht die beiden schiefen Backsteine auf?« Die nächsten Worte des Gastes veränderten die Einstellung des Mönches zu seiner Mauer, zu sich selbst und zu vielen anderen Aspekten des Lebens. »Ja«, sagte der Gast, »ich sehe die beiden mangelhaften Backsteine. Aber ich sehe auch 998 gut eingesetzte Steine.« Der Mönch war überwältigt. Zum ersten Mal sah er neben den beiden mangelhaften Backsteinen auch die vielen anderen Backsteine. Sie waren perfekt eingesetzt. Bis dahin hatte sich der Mönch nur auf seine Fehler konzentriert und war allem anderen gegenüber blind gewesen. Doch nun fand er seine Mauer gar nicht mehr grauenvoll.

Sich über **sich selbst bewusst** sein

Ganz wesentlich für unsere innere Stärke ist – neben dem richtigen Umgang mit Gedanken und Gefühlen und einem starken Körper – noch ein weiterer Aspekt: das Selbstbewusstsein, das beste Mittel gegen Selbstzweifel! Und zwar ist hier ganz wörtlich das Bewusstsein von uns selbst gemeint. Je genauer wir uns kennen und unserer selbst bewusst sind, umso höher ist unser Selbstbewusstsein. Wir reagieren dann nicht überraschend und unvorhersehbar, sondern kennen uns so gut und nehmen uns so deutlich wahr, dass wir uns jederzeit bewusst machen können, was wir denken und fühlen, was unser Körper empfindet, wie wir die Außenwelt wahrnehmen und welche Reaktionen sie bei uns aufgrund unserer Einstellungen und Werte auslöst. Mit dieser Bewusstheit werden wir zu Herren im eigenen Haus, zu selbstbestimmten und selbstverantwortlichen Menschen.

Aus unserem Bewusstsein von uns selbst entsteht Selbstvertrauen, die Verantwortung für uns selbst und die Akzeptanz unserer selbst. Wir nehmen uns so an, wie wir sind, sagen »Ja« zu unseren »mangelhaften Backsteinen«. Wie der Mönch in der Shaolin-Geschichte können auch wir lernen, unsere Fehler zu akzeptieren und unsere positiven Seiten, unsere Leistung anzuerkennen. Damit ist die Basis für unsere Liebe zu uns selbst gelegt – die Voraussetzung dafür, dass wir auch andere lieben können: Auf Selbstbewusstheit folgt Selbstakzeptanz, auf Selbstakzeptanz folgt Selbstliebe, auf Selbstliebe folgen Mitgefühl, Wohlwollen und liebevolle Güte anderen Menschen und anderen fühlenden Wesen gegenüber. Auf diesem Weg helfen uns die Methoden des Shaolin-Geistestrainings. Mit seiner Hilfe verringern wir Leid, gewinnen innere Stärke und vermehren so das Glück bei uns und bei anderen.

5

Alles liegt
in uns selbst

Wenn wir ein hohes Selbstbewusstsein entwickelt haben, werden wir feststellen, dass in uns unendlich viele Facetten und Möglichkeiten stecken, auf die wir immer mehr Zugriff gewinnen können. Wir können uns entscheiden, was wir fördern möchten und was wir vorbeiziehen lassen wollen. So ist es auch mit unseren Werten und Einstellungen. Wie wir etwas bewerten und was wir aus dem machen, was uns widerfährt, darauf kommt es an. Bringt uns jemand aus der Ruhe, so hat er bestimmt irgendetwas gemacht. Dass uns das aber aus der Ruhe bringt, hat in erster Linie etwas mit uns zu tun. So ist das mit all unseren Störgefühlen: Sie entstehen in uns, durch unsere Einstellungen und Werte. Wir projizieren diese lediglich nach außen und schieben damit die Verantwortung für unsere Gedanken, Gefühle und unser Handeln anderen zu.

Eigenverantwortung übernehmen

Dazu ein Beispiel: Ich ärgere mich, dass mein Partner seine Sachen in der Wohnung herumliegen lässt. Wer ist denn nun verantwortlich für mein Störgefühl »Ärger«? – Häufig passiert es in solchen Situationen, dass wir den Partner für unseren Ärger verantwortlich machen. Die Konsequenzen sind meist Vorwürfe (eine Projektion nach außen) und Konflikte. Wenn wir uns aber gut kennen, uns unserer selbst bewusst sind, dann ist uns auch bewusst, dass unsere eigene Einstellung (der Wert »Ordnung«) mit der daraus folgenden Erwartung, »wie es in der Wohnung auszusehen hat«, der eigentliche Grund für den Ärger ist. Der Ärger ist folglich hausgemacht. Wie wir mit unseren Mitmenschen in solchen Situationen umgehen können, beschreiben wir im

Kapitel 7 ab Seite 115. Hier geht es nun darum, was wir selbst aus dem machen, was uns widerfährt: Wir gelangen nur dann zu innerer Stärke, wenn wir selbst die Verantwortung dafür übernehmen. Wenn wir immer die anderen dafür verantwortlich machen, bleiben wir abhängig und damit schwach.

Das Positive sehen

Selbst wenn uns etwas offensichtlich Negatives wie eine Kündigung widerfährt, können wir diese Tatsache unterschiedlich bewerten. Hat diese Kündigung etwas mit uns zu tun, mit unserem Verhalten, unserem Arbeitseinsatz? Oder ist sie eine reine Sparmaßnahme, der wir zum Opfer fallen?

Wir können in Selbstzweifel oder Selbstmitleid verfallen, oder wir können darin etwas Positives sehen, weil wir unsere Arbeitshaltung ändern können, uns beruflich neu orientieren können und die Chance auf einen Neuanfang haben. Dabei sollen nicht die Probleme auf dem Arbeitsmarkt kleingeredet werden. Doch mit einer positiven Einstellung, einer Einstellung innerer Stärke und der Bereitschaft zu Eigenverantwortung sind unsere Chancen auf eine Neuanstellung erheblich erhöht.

> Das Glück in uns zu finden, ist schwierig,
> und es ist ganz unmöglich,
> es anderswo zu finden.

[Nicolas Chamfort]

»Richte deinen Fokus auf das Positive«, lautet eine wesentliche Shao-
lin-Weisheit. Das klassische Beispiel für diese Perspektive steckt in der
Frage: Ist ein halbes Glas Wasser halb leer oder halb voll? Beides ist
richtig, doch wenn es uns gelingt, die letztere Sicht einnehmen, ist die
Wahrscheinlichkeit auf Glück und Zufriedenheit viel größer – und
damit eine wesentliche Basis für unsere innere Stärke gelegt. Eine
solche Umbewertung können wir jederzeit vornehmen, denn die
Möglichkeiten dazu liegen in uns selbst. Wie Sie dabei vorgehen
können, erfahren Sie in der folgenden Übung.

ÜBUNG

Umbewertungen vornehmen

➜ Achten Sie einmal täglich ganz bewusst auf eine persönliche negative
Bewertung einer Alltagssituation (»mangelhafte Backsteine«), etwa im Straßenverkehr, bei der Arbeit, im Haushalt oder beim Fernsehen. Erinnern Sie sich: Sie
bemerken eine Negativbewertung stets an einem Störgefühl! Schreiben Sie nun
auf, welche positive (oder neutrale) Bewertung in Bezug auf die Situation auch
möglich (gewesen) wäre.

➜ Stellen Sie sich einen Ihnen nahestehenden Menschen vor, etwa Ihren Partner,
Ihr Kind, Geschwister, einen Kollegen. Schreiben Sie nun möglichst viele der
»geraden Backsteine« dieses Menschen auf.

Was verändert sich in Ihrer Einstellung diesem Menschen gegenüber, nachdem sie
seine positiven Seiten konkret benannt haben?

Besonders deutlich wird die Wirkung der Übung, wenn Sie diesem Menschen Ihre
»998 schönen Backsteine« auch noch mitteilen.

Das Bauchgefühl: Intuition

Ein wichtiger Faktor innerer Stärke ist Intuition, also die Fähigkeit, unserer inneren Stimme Gehör zu schenken und ihr in wichtigen Fragen die Entscheidungshoheit zuzusprechen. Dabei wird der Verstand nicht ausgeschaltet, er fungiert vielmehr als Prüfinstanz. Wenn also bei Entscheidungen das sogenannte Bauchgefühl den Ton angibt, heißt das nicht, dass solche Entschlüsse unvernünftig sind. Aber sie sind weitaus umfassender, als wenn wir nur mit dem Verstand abwägen und entscheiden würden. Denn unser Gehirn ist ein komplexes und hoch entwickeltes Problemlösungsorgan, das all unsere Erfahrungen und unser Wissen unbewusst in den Prozess der Entscheidungsfindung einbezieht. Die moderne Hirnforschung definiert das als »Intuition«. Sie erweist sich im Nachhinein häufig als goldrichtig und ist nicht zuletzt unser Garant für kreative Lösungen. Eine Garantie für die einzig richtige Entscheidung haben wir natürlich dennoch nicht, da ändern sich die inneren und äußeren Bedingungen einfach zu schnell und zu oft – alles ist beständig im Wandel.

Um unsere innere (und oft stille) Stimme der Intuition überhaupt wahrnehmen zu können, brauchen wir einen freien Kopf. Denn in erster Linie versperren zu viele Gedanken und Außenreize den Zugang zum Bauchgefühl. Wenn der Kopf zugemüllt ist, dann können wir nicht auf die Stimme hören, die von innen kommt. Auch deshalb ist es so wichtig, dass wir unsere Gedanken kontrollieren und unseren Kopf bei Bedarf frei machen können. Die kreativsten Einfälle und besten Entscheidungen kommen nämlich, so Untersuchungen, bei großer innerer Ruhe, etwa während einer Meditation, oder im Zustand eines Flow (siehe Kapitel 3, Seite 57). Also sollten wir nicht länger grübeln und ein Problem auch noch zum hundertsten Mal im Kopf herumwälzen, sondern stattdessen mit voller Hingabe etwas ganz anderes machen, etwa Sport, einen Spaziergang, ein angenehmes Gespräch führen,

5

Geistestraining oder ein vielversprechendes Rezept kochen. Weil unser Fokus dann auf etwas anderes gelenkt ist und unsere Gedanken Pause haben, kann die Intuition von innen aufsteigen, wie Luftblasen aus dem stillen See. Sie können sich das so vorstellen, als ob Sie am Computer arbeiten. Der Arbeitsspeicher ist gerade beschäftigt mit Textverarbeitung, Bankprogramm oder was auch immer. Währenddessen arbeitet das Betriebssystem im Hintergrund weiter, ohne dass Sie es merken – und irgendwann erhalten Sie eine E-Mail mit einer wichtigen Nachricht! Diese Nachricht bringt eine Entscheidung, sie enthält die Lösung, mit der Sie weiterkommen.

> Man muss den **Schlüssel** finden,
> der alle **Himmelstore,**
> alle Gärten der **Verzückung,** öffnet.
> Und dieser Schlüssel ist **deine Intuition.**
>
> [Jiddu Krishnamurti]

Laut Hirnforschung stehen nur zehn Prozent unserer Speicher- und Denkkapazitäten wirklich für bewusstes analytisches, planerisches Denken zur Verfügung. Die restlichen 90 Prozent unserer Problemlösungskompetenz befinden sich im Hintergrund, im unbewussten Bereich des Betriebssystems. Dort sind unser Wissen und unsere Erfahrungen abgelegt, und hier werden die Hirnareale miteinander vernetzt. Je besser es uns gelingt, diese Areale zu aktivieren, zu nutzen und sie uns bewusst zu machen, umso besser ist unser Zugriff darauf. Wir werden uns besser kennenlernen, ganz neue Seiten an uns entdecken und so mehr Einfluss auf unser Denken und Handeln bekommen sowie unsere Kraft der Intuition stärker entfalten.

Furchtlos und
entschlossen handeln

Wenn sich jemand eine Eisenstange auf den Kopf schlägt, ist zweifellos sein Leben in Gefahr. Warum ist das bei Shaolin-Mönchen nicht so? Weil sie furchtlos und entschlossen sind! Denn sobald sie Angst oder Zweifel hätten, ob das Vorhaben auch gut geht, wären auch sie in Gefahr. Da sie aber ihre Gedanken ausschalten können, kommen diese Störfaktoren gar nicht erst auf. Auch wenn wir keine Shaolin-Mönche werden wollen, können wir uns diese Strategie abschauen, um an innerer Stärke zu gewinnen.

Furcht und Angst – zwei starke Gefühle

Furcht (eher konkret und real) und Angst (eher diffus und abstrakt) sind Teile von uns, und das sollten wir so annehmen. Fest steht aber auch, dass wir daran arbeiten können, Gedanken und Gefühle zu kontrollieren. Wie das gehen kann, haben Sie schon in den Kapiteln 3 und 4 erfahren. Deshalb hier nur in Kürze: Wir können ein Gefühl betrachten und genauer wahrnehmen, wie es sich bemerkbar macht. An welchen Stellen im Körper zeigt es sich? Schlägt das Herz unregelmäßig, atmen wir schneller, fühlt sich der Bauch hart an, oder sind die Hände feucht? Zusätzlich hilft das Benennen: »Da ist Furcht« zum Einatmen, »Da ist Furcht« zum Ausatmen. Dabei geht es nicht darum, Gedanken oder Gefühle zu verdrängen, sondern sie möglichst deutlich wahrzunehmen. Je besser uns das gelingt, umso leichter können wir sie annehmen und wieder loslassen. Wir merken dann, wie die Gefühle sich auflösen oder verändern.

Wichtig ist auch, nach dem Sinn und Zweck des Gefühls zu fragen, denn jedes Gefühl hat einen Nutzen, sonst hätten wir es nicht. Furcht und Angst zum Beispiel haben eine Schutzfunktion, ohne diese Gefühle wären wir wahrscheinlich schon tot. Bestimmt hat jeder schon gefährliche Situationen erlebt, in denen sie ihn davor bewahrt haben, irgendwelche verrückten Risiken einzugehen. Deshalb dürfen wir dankbar sein, dass wir diese Gefühle kennen, wir sollen sie ernst nehmen, umarmen, und wir brauchen auch keine Schuldgefühle zu haben, wenn wir Furcht oder Angst empfinden. Allerdings gibt es eine Art von Ängstlichkeit, die uns daran hindert, uns Herausforderungen zu stellen und dem Leben offen und mutig zu begegnen. Hier sollten wir gegensteuern, etwa mit Metta-Meditation, die Sie auf Seite 77 kennengelernt haben: »Möge ich furchtlos sein und loslassen können«, wäre ein passender Satz.

Bewusst machen, anerkennen, stark werden

Stellen Sie sich das Ganze an folgendem Beispiel vor. Sie wollen zu Ihrem Chef gehen und mit ihm über eine Gehaltserhöhung reden. Sie befürchten aber, dass Ihr Chef Sie zurückweist, deshalb haben Sie Angst vor diesem Gespräch. Wie können Sie mit Ihrer Angst umgehen?

Zunächst machen Sie sich Ihre Befürchtungen bewusst. Schieben Sie sie nicht einfach beiseite und verachten Sie sich nicht dafür, sondern stellen Sie sich das Gespräch so vor, wie es Ihrer Erwartung entspricht: Ihr Chef sagt »Nein« zu der Gehaltserhöhung, und Sie reagieren darauf, vermutlich indem Sie gekränkt und frustriert sin d. Nehmen Sie alle aufkommenden Gefühle an, ohne sie zu werten, ohne über sie nachzudenken. Sie dürfen einfach da sein. Durch das Bewusstmachen der Angst verhindern Sie, dass diese zu stark wird und Sie blockiert.

Erkennen Sie nun auch den Nutzen an, den Ihre Angst vor diesem wichtigen Gespräch hat: Durch die Angst wird zum Beispiel das Hormon Adrenalin ausgeschüttet, wodurch sich Ihr Energielevel erhöht, Ihre Aufmerksamkeit steigert. Das hilft Ihnen dabei, Ihr Bestes zu geben.

Damit Sie im Gespräch wirklich kraftvoll und präsent sind, gut auftreten können und furchtlos und gelassen bleiben, ist es wichtig, dass Sie zwar Ihre Wünsche entschieden anmelden, innerlich aber ergebnisoffen bleiben. Versteifen Sie sich also nicht auf eine Gehaltserhöhung, sondern seien Sie kompromissbereit. Vielleicht springt am Ende zwar nicht mehr Geld, dafür aber eine interessante Fortbildungsmaßnahme heraus.

An diesem Beispiel zeigt sich ein Handlungsmuster, das uns in vielen Situationen innere Stärke verleihen kann: Zuerst imaginieren wir ganz konkret unsere (angstvolle) Erwartung, dadurch wird das Angstgefühl geringer. Dann suchen wir nach dem Nutzen des Gefühls, dadurch fällt es leichter, das Gefühl zu akzeptieren und für die Situation nutzbar zu machen. Durch beide Strategien wird man furchtloser und gelassener und kann stärker auftreten. Noch mehr Stärke gewinnen wir, wenn wir uns nicht von der Erfüllung des Wunsches abhängig machen, sondern auch andere Ergebnisse als die erhofften akzeptieren.

Selbstdisziplin und Risikobereitschaft fördern

Um neue Verhaltensweisen einzuüben, brauchen wir Selbstdisziplin. Auch hierbei hilft uns ein höheres Maß an Selbstbewusstsein. Denn damit finden wir heraus, was uns immer wieder daran hindert, ein Vorhaben umzusetzen. Eigentlich würden wir ja gern … abnehmen, jeden Tag eine halbe Stunde spazieren gehen, zehn Minuten Qigong machen, regelmäßig meditieren … Warum tun wir es dann nicht? Meist liegt es einfach daran, weil wir uns von einem anderen Verhalten kurzfristig mehr Nutzen versprechen. Kommen wir morgens nicht rechtzeitig aus dem Bett, ärgern wir uns zwar hinterher, dass wir wieder nicht Qigong gemacht haben. Aber die Bequemlichkeit hat auch einen Nutzen: Sie ist angenehm und spart uns in diesem Moment Energie (siehe Abbildung auf Seite 13).

Wie also können wir dann trotzdem die nötige Selbstdisziplin aufbringen? – Wir sollten uns klarmachen, dass es zwar kurzfristig guttut und energiesparender ist, liegen zu bleiben, mittel- und langfristig fühlen wir uns aber wohler und kräftiger, wenn wir unser Vorhaben umsetzen. Besonders hilfreich ist es an dieser Stelle, das mächtige innere Zugpferd der gefühlten Attraktivität unseres Ziels zu imaginieren (siehe dazu Kapitel 1, Seite 13–16). Zudem nähren wir unser Selbstwirksamkeitskonzept (siehe Abbildung auf Seite 20), wenn wir das umsetzen, was wir uns vorgenommen haben. Das wiederum stärkt unsere Selbstdisziplin.

> Denke dir einen leidenschaftlichen Spieler.
> Erwacht die Lust in ihm, so ist es,
> als hinge sein Leben
> an ihrer Befriedigung;
> ist er aber imstande,
> zu sich selbst zu sagen:
> ›In diesem Augenblick will ich nicht,
> erst in einer Stunde‹, so ist er geheilt.

[Søren Kierkegaard]

Eine andere Lösung kann sein, anzuerkennen, dass wir die zehn Minuten Schlaf brauchen und deshalb am Abend vorher früher ins Bett gehen. Oder wir verschieben die Übungen auf den Abend, weil es uns dann leichter fällt, sie regelmäßig auszuführen. Geht es um Verzicht –zum Beispiel auf Schokolade, weil wir abnehmen wollen –, können wir uns bewusst einmal in der Woche einen Riegel gönnen, weil wir unser Bedürfnis danach anerkennen. Manchmal ist uns das Erfolgsversprechen auch zu vage oder das Risiko erscheint uns zu hoch, um etwas Neues zu wagen und die nötige Selbstdisziplin dafür aufzubringen. Schließlich sehen wir das Ei in der Abbildung auf Seite 13 hinter dem Berg nicht, dazu müssten wir erst auf den Berg steigen.

Wenn wir wissen, wo die Ursache für unsere »Disziplinlosigkeit« liegt, können wir immer auch einen Weg finden, um ein Vorhaben trotzdem umzusetzen. Wir stellen Ihnen hier drei Möglichkeiten vor, die Sie einzeln oder auch gleichzeitig versuchen können.

1. Schließen Sie einen Vertrag mit sich selbst und bauen Sie darin eine Probezeit-Klausel ein – falls sich das Vorhaben als undurchführbar oder ungeeignet erweist. Auf die Art stellen Sie sich dem Versuch, halten Ihr »Investmentrisiko« aber gering. Sie können dann nach einiger Zeit sehen, ob es Ihnen besser geht und der Einsatz sich gelohnt hat, ob Sie mehr Energie, Zeit und Wohlbefinden gewonnen haben.

2. Binden Sie Ihre Umgebung mit ein. Erzählen Sie, dass Sie beispielsweise ab morgen drei Wochen lang jeden Tag eine halbe Stunde joggen möchten, und bitten Sie um Unterstützung, falls Sie träge werden. Vielleicht wollen Sie Ihr Vorhaben auch zusammen mit einer Freundin oder einem Freund oder in einem Kurs umsetzen. Dann ist ein höheres Maß an Verpflichtung gegeben.

3. Legen Sie von Anfang an eine Belohnung fest, die Sie nach einer gewissen Probezeit erwartet und auf die Sie sich freuen. Vielleicht gehen Sie mit jemandem zum Essen oder gönnen sich ein erholsames Wellness-Wochenende.

Weniger erwarten,
weniger enttäuscht werden

Laut Buddha sind es vor allem zwei Fehler, die uns schwächen: hohe Erwartungen und ein ungesunder Umgang mit unserem Körper. »Zwei Dinge meide, oh Wanderer: nutzlose Wünsche und übertriebene Kasteiung des Körpers«, empfiehlt Buddha.

Mit nutzlosen Wünschen sind Erwartungen gemeint, die von unseren Einstellungen und Werten herrühren und die wir unhinterfragt erfüllen wollen. Sobald uns bewusst ist, wie diese Wünsche entstehen und welches Bedürfnis jeweils dahintersteckt, sind wir auch weniger getrieben von ihnen, weniger fremdgesteuert. Wir können dann 1. kurzfristige Bedürfnisse (zehn Minuten länger schlafen) von langfristigen (gesünder leben) unterscheiden. Außerdem können wir 2. das eigentliche Bedürfnis (den Nutzen) hinter einem Wunsch erkennen (mehr Erholung bekommen) und uns 3. überlegen, wie wir dieses Bedürfnis erfüllen können.

Wenn wir diesen Dreier-Schritt berücksichtigen, gelingt es uns automatisch besser, einen Wunsch einfach nur wahrzunehmen, ohne ihn gleich erfüllen zu müssen. Wir wissen, dass sich der Wunsch ohnehin bald verändern wird, wenn wir ihn nur nicht zu ernst nehmen, nicht an ihm anhaften und ihm nicht gleich nachgeben. Wir können den Wunsch Wunsch sein lassen, ohne dadurch frustriert zu werden. Wir erkennen, dass wir vieles von dem, was wir gerne hätten, gar nicht wirklich brauchen. Dadurch schaffen wir innere Stärke in Form von Gelassenheit und innerer Freiheit!

Eine Ausnahme bilden hier selbstverständlich die körperlichen Grundbedürfnisse, die »Big Five«: Atmung, Wärme, Trinken, Essen und Schlafen. Ihnen sollen wir sogar nachgeben, sie befriedigen, sonst würden wir unseren Körper »übermäßig kasteien«, wie es Buddha nennt. Doch auch hier gilt selbstverständlich das richtige Maß, nicht Maßlosigkeit. Denn die würde uns ja auch nicht guttun, uns nicht stärken, sondern schwächen. Sind die körperlichen Grundbedürfnisse in einem gesunden Maß befriedigt, dann können Sie mit der folgenden Übung die heilsamen Alltagseinstellungen trainieren.

ÜBUNG

Die sechs heilsamen Alltagseinstellungen

Nehmen Sie sich jeden Tag eine dieser sechs heilsamen Einstellungen vor: Dankbarkeit, Unkompliziertheit, Großzügigkeit, Mitgefühl, Humor, Gelassenheit.

→ Versuchen Sie am 1. Tag der Übungsreihe, Dankbarkeit für eine Selbstverständlichkeit des Alltags, wie zum Beispiel das Abendessen, zu entwickeln.

→ Zeigen Sie am 2. Tag Unkompliziertheit in Ihren Erwartungen, indem Sie zum Beispiel einer unfreundlichen Verkäuferin mit Verständnis begegnen.

→ Geben Sie am 3. Tag einem Obdachlosen etwas Geld oder einer Bedienung mehr Trinkgeld als sonst.

→ Versuchen Sie am 4. Tag, Mitgefühl für einen fremden Menschen zu empfinden, dem Sie zufällig begegnen und der traurig oder gehetzt erscheint.

→ Lachen Sie am 5. Tag einmal herzhaft über sich selbst oder über eine der vielen komischen Szenen, die das Leben inszeniert.

→ Und bleiben Sie am 6. Tag in einer Situation gelassen, in der Sie sich sonst aufregen, etwa wenn die U-Bahn zu spät kommt.

Halten Sie jeweils inne, wenn Sie es getan haben, wertschätzen Sie sich dafür! Sie gewinnen dadurch an innerer Stärke und Selbstbewusstsein!

5

Den Körper kräftigen

6

→ Die Shaolin-Philosophie geht – wie auch die westliche Medizin und Psychologie – davon aus, dass Körper und Geist eng zusammenwirken. Demnach gilt: *Ich entwickle innere Stärke, indem ich meinen Körper als wertvoll schätze und gut auf ihn achte.* Gehen wir mit ihm also so sorgsam, schonend und kräftigend wie möglich um. Denn mit einem schwachen Körper wird auch unser Geist schwach.

Das Zweifingerlächeln

Der Meditationslehrer gab den Mönchen im Kloster folgenden Rat: Sie sollten sich jeden Morgen im Spiegel anlächeln. Die Schüler protestierten, sie seien morgens müde, manchmal würden Sie überhaupt nicht in den Spiegel schauen wollen, geschweige denn lächeln. Der Lehrer antwortete: »Wenn ihr es nicht schafft, euch anzulächeln, dann legt eure Zeigefinger an die Mundwinkel und zieht sie nach oben.« Er führte ihnen vor, was er meinte, und die Mönche kicherten, weil es lächerlich aussah. Doch der Lehrer sagte: »Tut es mir nach!« Fortan gaben sie sich große Mühe mit dieser Übung: Sie betrachteten sich morgens im Spiegel, was oft wahrlich kein schöner Anblick war, sodass ein natürliches Lächeln nicht gelingen wollte. Also legten sie die Zeigefinger an die Mundwinkel und schoben sie hoch. Beim Anblick ihres komischen Gesichtsausdrucks mussten sie unwillkürlich grinsen. Nach einer Weile gelang es ihnen schließlich, das Spiegelbild anzulächeln, und der Mann im Spiegel lächelte zurück. Zwei Jahre lang machten die Mönche jeden Morgen die Übung, ganz gleich, wie sie sich fühlten. Heute wird behauptet, dass diese Mönche besonders viel lachen. Wie es scheint, ist das äußere Lächeln nach innen gewandert und hat eine lächelnde Haltung bewirkt.

Körper und Geist
sind eins

In unserer Sprache beschreiben wir innere Haltungen oft mit äußeren Haltungen: Jemand lässt die Schultern hängen, oder er ist aufrichtig. Einer hat einen festen Standpunkt, ein anderer steht mit beiden Beinen im Leben. Jemand hat Rückgrat, oder wir bieten jemandem die Stirn. Das funktioniert auch umgekehrt. Wir können bewusst eine körperliche Haltung einnehmen, die dann auf unser Inneres wirkt. Die Geschichte »Das Zweifingerlächeln« weißt auf diese Zusammenhänge hin.

Der Mensch bildet also eine Einheit aus Körper, Gefühlen und Gedanken, aus Körper und Geist. Alles hängt miteinander zusammen, arbeitet in gegenseitiger Abhängigkeit. Wenn wir bewusst unseren Körper stärken, wird dadurch auch unsere innere Stärke zunehmen, und wir können innerlich nicht stark werden, wenn wir unseren Körper vernachlässigen. Auch ihn müssen wir pflegen und kräftigen, das wussten schon die alten Römer: »Mens sana in corpore sano« – »In einem gesunden Körper wohnt ein gesunder Geist.« Das heißt natürlich nicht, dass behinderte Menschen keine mentale Stärke hätten. Jeder Mensch kann etwas für seinen Körper, seine physische Gesundheit und seine Körperwahrnehmung tun.

Ein starker Körper misst sich übrigens nicht in erster Linie an der Muskelmasse, sondern vor allem am Körperbewusstsein, an der Körperkontrolle, der Beweglichkeit und der Flexibilität sowie an der Freude, die wir an unserem Körper haben. Dabei spielt es auch eine gewisse Rolle, wie viel Körpergewicht wir mit uns herumtragen, ob wir Teile des Körpers vernachlässigen oder durch zu viel Sitzen oder einseitige Bewegung belasten.

6

Über den Körper auf den Geist wirken

Wie eng Körper und Geist zusammenarbeiten, sehen wir zum Beispiel daran, dass wir über körperliche Bewegung Störgefühle abbauen können. Wenn wir etwa mit Wut im Bauch eine Runde durch den Wald joggen, wird hinterher nicht mehr viel von der Wut übrig sein. Denselben Effekt können wir auch mit Yoga- oder Qigong-Übungen erreichen. Mithilfe der folgenden kleinen Übung können Sie erkennen, wie direkt der Körper auf Ihr Inneres wirkt – und umgekehrt. Psychologen nennen das »Bodyfeedback«: Der Körper gibt durch seine Haltung eine Rückmeldung nach innen. Die Körperhaltung bewirkt eine innere Haltung (Einstellung).

ÜBUNG

Bodyfeedback – Lassen Sie sich hängen

Stellen oder setzen Sie sich hin und lassen Sie Ihre Schultern hängen, die Arme, den Kopf, die Gesichtszüge ... Stellen Sie Ihre Füße leicht nach innen. Und jetzt versuchen Sie, in sich ein Gefühl ekstatischer Freude zu entwickeln. Denken Sie an etwas wirklich Schönes, das Sie erfreut, aber verändern Sie dabei nicht Ihre Körperhaltung. Versuchen Sie es etwa eine Minute lang. – Sie werden feststellen, dass die Vorstellung nicht oder nur sehr schlecht gelingt und dass sich kein entsprechendes Gefühl einstellen will. Wenn Sie sich aber aufrichten, tief durchatmen und eine gewisse Körperspannung herstellen, das heißt, die Schultern und den Rücken straffen, die Brust öffnen, die Füße gerade stellen, wird es besser funktionieren.

Die Körperwahrnehmung schulen

Egal, wo wir uns gerade aufhalten, ob im Stau auf der Autobahn, an der Supermarktkasse, beim Kochen oder vor dem Fernsehapparat: Wir können jederzeit fragen und forschen, was wir gerade körperlich spüren, welche Körperempfindungen wir wahrnehmen. Dazu können wir eine kleine Reise durch unseren Körper machen. Stehen wir, können wir spüren, wie sich der Druck in der Ferse anfühlt oder am Fußballen. Wie spüren wir beim Sitzen das Gesäß und die Oberschenkel, wenn sie Kontakt zur Sitzfläche haben? Wie fühlt sich der Rücken an, wenn wir uns anlehnen, wie unsere Schultern? So können wir jeden Körperteil zu jeder Zeit bewusst wahrnehmen. Dabei geht es nicht darum, das, was wir wahrnehmen, zu bewerten, ob es schön ist, angenehm oder unangenehm. Es geht einfach nur um eine Registrierung und um das Annehmen dessen, was ist: Aha, so fühlt sich Verspannung an. Und so fühlt sich mein Knie gerade an. Selbst Schmerzen können Sie derart genau wahrnehmen, dass der Schmerz nicht mehr ein vages Gefühl ist, sondern ein genau beschreibbares Empfinden. Dadurch verliert der Schmerz an Macht über Sie.

Auch auf körperlicher Ebene geht es also darum, unser Bewusstsein zu erhöhen und so mehr Kontrolle und Einfluss auf unser Leben zu erhalten. Das ist nicht immer ganz einfach, weil wir – wie Sie schon in den vorhergehenden Kapiteln gemerkt haben – nur relativ kurze Zeit wirklich konzentriert und effektiv bei einer Sache bleiben können, die Konzentration schon nach wenigen Atemzügen nachlässt und unsere Gedanken abschweifen. Doch geben Sie nicht auf! Über die körperliche Wahrnehmung, etwa das aufmerksame Spüren von Rücken, Gesäß und Oberschenkel beim Sitzen, können wir unsere (Körper-)Bewusstheit insgesamt ganz wesentlich kultivieren, denn unseren Körper haben wir immer bei uns und können jederzeit auf ihn zurückkommen.

6

Qigong-Übungen
für mehr Bewusstheit

Eine außerordentlich förderliche Wirkung auf unsere Körperwahrnehmung, die Körperkontrolle und Körperstärkung haben die Übungen des Qigong. Wenn Sie diese chinesische Konzentrations-, Meditations- und Bewegungsform erlernen möchten, finden Sie im Anhang auf Seite 156 Bücher, die Ihnen dabei helfen. Am besten ist aber – das gilt auch für Taijiquan, Yoga oder andere Techniken –, einen entsprechenden Kurs zu belegen und die Übungen anschließend zu Hause anzuwenden. Ab Seite 102 stellen wir Ihnen einige Shaolin-Qigong-Übungen vor, die Sie auch gleich umsetzen können.

Die Lebensenergie in Fluss bringen

Diese Übungen des Shaolin-Qigong sind darauf ausgelegt, Ihre Lebensenergie, das Qi, zu stärken. Denn gemäß der traditionellen chinesischen Medizin (TCM) fließt die Energie in Bahnen, den Meridianen, wie das Blut in den Blutbahnen fließt. Ist der Mensch gesund, dann fließt das Qi frei. Die Übungen des Shaolin-Qigong sind über Jahrhunderte hinweg speziell dafür entwickelt worden, den freien Energiefluss zu unterstützen. Deshalb sind sie nicht mit herkömmlichen Gymnastikübungen zu vergleichen.

Wenn Sie Qigong praktizieren möchten, sind fünfmal die Woche etwa zehn Minuten zu empfehlen, am besten morgens. Die volle Wirkung entfaltet sich in der Regel nach etwa drei Wochen. Beginnen Sie nach dem Aufstehen damit, die Gelenke warm und beweglich zu machen, indem Sie die Gelenke kreisen. Gehen Sie dabei von oben nach unten vor, also zuerst Nacken, dann Schultern, Rumpf, Arme, Hände, Hüfte, Knie und Fußgelenke. Anschließend können Sie mit den Shaolin-Qigong-Übungen beginnen. Das Gute ist, dass Sie im Grunde nichts falsch machen können; Sie können auch etwas weglassen – wenn Sie eine Übung vergessen haben, schaden Sie sich nicht (im Unterschied zu Yoga, dort kommt es auf den genauen Ablauf an).

Bewegtes Geistestraining

Entscheidend ist die Bewusstheit, die Konzentration auf die Übungen und die Kontrolle von Gedanken. Versuchen Sie deshalb, während der Übungen ganz präsent zu sein und sich wirklich nur auf die Bewegungen zu konzentrieren. Nutzen Sie Ihre Imagination, stellen Sie sich beim Üben immer genau das vor, was Sie tun. Sollen die Hände nach oben gehen, dann nehmen Sie die Hände nach oben und stellen Sie es sich dabei vor. Gedanken und Atmung sind beim Qigong in Harmonie mit den Bewegungen. Dadurch ist Qigong eine bewegte Form des Shaolin-Geistestrainings und unterscheidet sich grundsätzlich von Gymnastik und Sport (wo die Gedanken nicht unter Kontrolle gehalten werden). Immer wenn Sie gedanklich abschweifen – und das ist ganz normal –, kommen Sie so schnell und fokussiert wie möglich wieder zurück zum Fluss von Bewegung, Atmung und Vorstellung (der Bewegung). Damit schulen Sie nicht nur Ihre Körperwahrnehmung, sondern erhöhen zugleich Ihre innere Sammlung und Ihre innere Präsenz. So gewinnen Sie über die Shaolin-Qigong-Übungen an innerer Stärke.

Führen Sie bei den nun folgenden Übungen die Bewegungen gemäß den Abbildungen und Beschreibungen durch. Machen Sie die Übungen langsam, nach Ihrem eigenen Rhythmus, die Bewegungen in Harmonie mit der Atmung, Ihre (Kraft der) Vorstellung synchron mit den Bewegungen. Wiederholen Sie jede Bewegung mindestens sechsmal. Üben Sie zehn Minuten, am besten morgens, fünfmal die Woche. Das wichtigste dabei ist die Gedankenkontrolle, das heißt, jedes Mal, wenn Sie merken, dass Sie denken, lassen Sie das Denken (den Gedanken) los und lenken Ihren Fokus wieder zurück auf den Qigong-Fluss »Bewegung-Atmung-Vorstellung«.

6

Qigong-Übung 1 »Mit beiden Händen den Himmel stützen«

Step 1: Die Füße stehen parallel und schulterbreit fest auf dem Boden, Knie leicht gebeugt, Wirbelsäule aufrecht. Der Kopf ruht locker auf dem leicht gestreckten Nacken. Schultern, Unterkiefer und Augenlider sind entspannt. Die Hände ruhen drei Fingerbreit unter dem Bauchnabel schalenförmig ineinander, die Daumenspitzen berühren sich leicht. Fokussieren Sie zunächst Ihre Körperempfindungen (von den Füßen bis zum Kopf) und dann Ihre tiefe, ruhige Atmung.

Step 2: Bewegen Sie nun langsam wie in Zeitlupe Ihre Hände in der Schalenhaltung nach oben bis etwa Schulterhöhe. Verschränken Sie dort die Finger und drehen Sie die Handflächen bei weiterer Streckung der Arme nach außen. In der Endposition sind die Arme komplett gestreckt, die Hände »stützen den Himmel«.

Step 3: Lösen Sie nun die Spannung in Armen, Händen und Körper und bewegen Sie die Hände langsam nach unten, bis Sie wieder in der Ausgangsposition sind.

Qigong-Übung 2 »Den großen Bogen spannen«

Step 1: Ausgangsposition wie in Übung 1.

Step 2: Bewegen Sie langsam wie in Zeitlupe Ihre Hände nach oben bis etwa Brusthöhe, kreuzen Sie dort die Unterarme. Gleichzeitig macht das linke Bein einen weiten Schritt zur Seite. Die Wirbelsäule bleibt aufrecht. Idealerweise sind die Oberschenkel parallel zum Boden und bilden einen Winkel von 90 Grad mit den Unterschenkeln (der Winkel darf anfangs auch größer sein).

Step 3: Strecken Sie nun den linken Arm nach links, der Zeigefinger der linken Hand zeigt dabei zum Himmel, der Daumen ist rechtwinklig abgespreizt, die anderen Finger sind so entspannt wie möglich. Richten Sie den Blick über die linke Hand. Den rechten Ellbogen bewegen Sie so weit wie möglich nach rechts. Die rechte Hand ist leicht geschlossen und ruht etwa 2 cm vor dem Körper zwischen Brustkorb und Schulter. Danach Arme und Hände wieder entspannen, zum Übergang (Step 2) zurückkehren und den Bewegungsablauf nach rechts ausführen. Dann Hände und Arme wieder entspannen und zur Übergangsposition (Step 2) zurückkehren. Die Hände (Handflächen nach unten) nach unten führen, in Höhe des Nabels die Handflächen nach oben drehen und wieder schalenförmig ineinanderlegen. Währenddessen den linken Fuß ebenfalls zur Ausgangsposition führen (Step 1).

6

Qigong-Übung 3 »Das Herz öffnen«

Step 1: Ausgangsposition wie in Übung 1 und 2.

Step 2: Bewegen Sie nun langsam wie in Zeitlupe Ihre Hände in der Schalenhaltung nach oben bis etwa Schulterhöhe. Dort öffnen sich die Hände, und die Arme bewegen sich langsam nach außen. Die Schulterblätter bewegen sich dabei aufeinander zu, sodass über die dortige Spannung eine größtmögliche Öffnung von Brust- und Herzraum möglich ist. Stellen Sie sich vor, einen geliebten Menschen zu umarmen.

Step 3: Nach kurzer maximaler Öffnung entspannen Sie die Schulterblätter wieder, und die Arme bewegen sich wieder langsam aufeinander zu, um dann die Hände mit den Handflächen nach unten entlang der Körpermitte wieder zur Grundposition zu führen. In Höhe des Nabels drehen Sie die Handflächen dann wieder nach oben und legen Sie schalenförmig ineinander.

Vom Segen des Sports

Es muss nicht unbedingt Qigong sein, Hauptsache, wir bewegen uns und investieren dadurch nicht nur in unseren Körper, sondern auch in unsere innere Stärke. Als Alternative eignen sich Yoga und Sportarten wie zum Beispiel Joggen, (Nordic)Walking, Fahrradfahren, der Hometrainer, Schwimmen oder Aerobic. Wichtig ist in jedem Fall, dass wir ganz bei der Sache sind und unseren Körper bewusst wahrnehmen und dass wir akzeptieren, was wir wahrnehmen, ohne es zu werten. Geben Sie nicht gleich auf, auch wenn Sie zu Beginn vielleicht nur 200 Meter am Stück laufen können und nach fünf Minuten außer Atem sind. »Auch der längste Weg beginnt mit dem ersten Schritt«, sagt eine alte taoistische Weisheit. Denken Sie an Ihren Vertrag mit Probezeit (siehe Seite 91): Versuchen Sie es drei Wochen lang, jeweils fünfmal zehn Minuten (dann werden Sie die positive Wirkung bereits erkennen).

Gerade weil die meisten Menschen der westlichen Welt heute überwiegend mit dem Kopf und im Sitzen arbeiten, kommt der körperlichen Bewegung und Übung besondere Bedeutung zu. Wir können mithilfe von Sport unser Herz-Kreislauf-System ankurbeln und die Muskulatur fit halten. Für ein wirkungsvolles Herz-Kreislauf-Training machen wir am besten dreimal die Woche mindestens eine halbe Stunde Sport. Dann entfaltet sich die volle Wirkung. Dabei können wir prima unsere Körperwahrnehmung schulen und unsere Gedanken ruhiger werden lassen. Wir sollten beim Laufen also nicht daran denken, was wir heute kochen wollen oder was uns Sabine gestern von ihrem Freund erzählt hat, sondern versuchen, wirklich ganz und ausschließlich unseren Körper wahrzunehmen und zu spüren. Körperliches Training ist auch für die Mönche im Shaolin-Kloster sehr wichtig: Sie beginnen beispielsweise ihren Tag um fünf Uhr morgens mit einem einstündigen Lauf auf einen angrenzenden Berg.

6

Nahrung für
Körper und Geist

Die Shaolin-Mönche achten auf eine leichte und vollwertige, ausgewogene Ernährung, um gesund zu bleiben und ihren Körper zu stärken. Traditionell sind sie als Buddhisten Vegetarier, denn sie wollen keinem fühlenden Wesen unnötig Leid zuzufügen.

> Dieses Essen ist ein Geschenk
> des ganzen Universums, des Himmels,
> der Erde und vieler harter Arbeit ...
> Mögen wir so leben, dass wir würdig sind,
> dies zu empfangen.
> Wir nehmen dieses Essen an, um den Weg
> des Verstehens und der Liebe zu gehen.

[*Aus einem Essensgebet von* Thich Nhat Hanh]

Die Ernährungsweise hat aber auch ganz pragmatische Gründe. Denn in der Umgebung des Shaolin-Klosters in China wachsen viele Früchte, Getreide und Gemüse, die die Mönche gut ernähren. Und wenn, wie bei den Tibetern im Hochland, kaum Getreide und Gemüse wächst, essen Buddhisten auch Tiere, um zu überleben. Wichtig ist aber in jedem Fall, dass jegliche Nahrung als Geschenk betrachtet wird, dem mit Achtsamkeit zu begegnen ist.

Die Shaolin-Mönche trinken morgens unmittelbar nach dem Aufwachen erst einmal warmes Wasser, warme Tees, meist mit ein bisschen Honig. Ein typischer Tagesstart für einen Shaolin-Mönch ist zum Beispiel, morgens zuerst eine Tasse warmes Wasser zu trinken, anschließend noch eine mit Honig. Danach schließen sich Qigong-Übungen an, dann eine Meditation. Und jede Mahlzeit nehmen die Mönche so bewusst ein, dass beim Essen wirklich nur gegessen wird, wie es das Zitat aus dem Zen-Buddhismus auf den Punkt bringt: »Wenn wir essen, essen wir. Wenn wir sitzen, sitzen wir. Wenn wir gehen, gehen wir …« Auch wir sollten das beherzigen und neben dem Essen nicht fernsehen oder uns unterhalten, sondern ganz bewusst essen, kauen, schmecken, spüren, wie das Essen wirklich schmeckt. Vielleicht probieren Sie das einmal mit einem Stück Apfel. Machen Sie daraus eine Bewusstseinsübung und beißen Sie ab, kauen Sie ganz langsam und nehmen Sie so genau wie möglich jeden einzelnen Bissen und Vorgang wahr. Schmecken Sie ganz genau, was Sie da essen. Auch so können Sie Ihre Bewusstheit, Ihre Körperwahrnehmung schulen.

Gesund und ausgewogen essen

Es ist keineswegs so, dass nur vegetarische Ernährung einen gesunden Geist und einen gesunden Körper hervorbringen würde. Das Wesentliche ist eine wirklich gesunde Ernährung, wie sie etwa die Deutsche Gesellschaft für Ernährung (DGE) empfiehlt. Hier forschen Ernährungswissenschaftler, Mediziner und Psychologen seit Jahrzehnten gemeinsam, um herauszufinden, welche Nahrung gesundheitsfördernd ist und welche nicht. Vermutlich kennen Sie die Regeln mehr oder weniger, deshalb wollen wir nur einen knappen Überblick geben. Das Gros der Nahrung sollte aus frischem Gemüse, Salaten, Hülsenfrüchten und Obst bestehen, daneben aus reichlich Getreideprodukten, soweit diese nicht aus Weißmehl sind. Beim Verdauen von Weißmehl (und Zucker) werden nämlich die wertvollen B-Vitamine entzogen, die der Mensch dringend für einen konzentrierten und wachen Geist braucht. Vollkornprodukte, Mischbrote oder Pasta aus Hartweizengries enthalten den Keimling im Korn und damit reichlich B-Vitamine. Vielleicht zwei- oder dreimal die Woche können wir ein kleines Stück Fleisch oder Fisch essen, vor allem Meeresfisch wegen der hochwertigen Omega-3-Fettsäuren, die auch für unser Gehirn wichtig sind. Verwenden Sie ansonsten so wenig Fett wie möglich und wenn, dann mehrfach ungesättigte Fettsäuren, wie sie etwa in Keim-, Nuss- oder Distelölen vorhanden sind. Auch Milchprodukte gehören zu einer ausgewogenen Ernährung, allerdings nicht zu viel davon. Etwas Joghurt, Kefir und Quark ist in Ordnung, Käse sollte wegen des hohen Anteils an tierischen Fetten eher wenig gegessen werden. Mit einer solchen Ernährung sind wir auf der sicheren und gesunden Seite. Auch Übergewicht lässt sich dadurch mittel- bis langfristig reduzieren, da die Kaloriendichte in den zuerst genannten Lebensmitteln geringer ist.

Einfache Regeln für das Trinken

Ergänzt wird die Ernährung durch reichlich Flüssigkeit, empfohlen werden rund zweieinhalb Liter pro Tag, vor allem Wasser, ungesüßte Kräuter- beziehungsweise Früchtetees oder verdünnte Fruchtsäfte (z. B. Apfelsaftschorle). Gegen Kaffee ist nicht viel zu sagen, vor allem wenn es sich um stark gerösteten wie bei der Espressobohne handelt – solange wir trotzdem gut schlafen können und durch ihn nicht unruhig und nervös werden. Auf Süßgetränke sollten wir möglichst verzichten, denn sie enthalten häufig aufputschende Stoffe und daneben extrem viel Zucker auch noch Phosphate. Diese Getränke bringen uns aus unserer Mitte, wir geraten aus der Balance. Denn die Mischung kann den Geist sehr unruhig machen und den Körper schwächen, da sie unter anderem viele B-Vitamine aus dem Gehirn abzieht. Zudem erzeugt sie hektische Betriebsamkeit, weil viel Adrenalin ausgestoßen wird und zu Aktivität zwingt, was anschließend zu großer Trägheit und Passivität führt. Auch bei regelmäßigem und hohem Alkoholkonsum ist das der Fall. Dabei ist gegen ein Glas Wein oder Bier als Genussmittel hin und wieder normalerweise nichts einzuwenden. Wenn wir aber zu viel Alkohol konsumieren, bringt er uns aus der inneren Balance, was uns in Unruhe oder Trägheit versetzt, uns Energie raubt und schwere Träume beschert, vielleicht sogar zu Abhängigkeit führt. Auch wenn uns alkoholische Getränke kurzfristig beschwingt und Genuss bereiten, setzen wir mit ihm unser mittel- und langfristiges Wohlbefinden aufs Spiel!

Vorsicht mit Fett und Zucker!

Dasselbe passiert, wenn wir fettreich und zu viel Zucker essen. Der Körper wird dadurch träge und müde, denn er braucht viel Energie zum Verdauen. Außerdem werden wir dick, wenn wir zu viel Fett und Zucker essen. Da es sich bei Fetten und Zucker um Geschmacksträger beziehungsweise Geschmacksverstärker handelt, schulen Sie auch Ihren Geschmackssinn, wenn Sie die Zufuhr dieser Stoffe reduzieren. Dagegen können wir uns richtig satt essen, wenn wir Obst, Gemüse und gesundes Getreide essen. Die Gefahr, davon dick und träge zu werden, besteht nicht. Und solange wir Zucker und Fett nur als Genussmittel sehen und entsprechend wenig davon zu uns nehmen, können wir uns alle Diäten sparen – die übrigens meist noch unglücklich machen, weil wir irgendwann frustriert feststellen, dass sie nicht funktionieren, vielleicht sogar zu Mangelernährung führen und damit noch größeren Heißhunger erzeugen – und uns dann noch dicker werden lassen. Zudem stecken wir in der Regel sehr viel Energie in diese Sonderernährung, die uns an anderer Stelle dann fehlt.

6

Die Atmung
nutzen

Atmen ist Leben! Wir müssen ständig atmen, um weiterzuleben. Als erste menschliche Handlung lernen wir bereits im Mutterleib das Ausatmen, indem wir Fruchtwasser ausstoßen. Und nach der Geburt ist es unser erster Impuls zu atmen – und er begleitet uns bis zum Tod, bis zum letzten Atemzug. Deshalb ist es so naheliegend und sinnvoll, unsere Atmung als Bewusstheitsanker wahrzunehmen und einzusetzen. Zudem ist das Atmen bei fast allen Menschen als grundlegend positive Erfahrung in unserem Gehirn abgespeichert. Wir reaktivieren also beim bewussten Atmen diese guten Gefühle. Als Teil der Körperwahrnehmung können wir uns tagsüber immer wieder bewusst auf unseren Atem besinnen, unseren Fokus auf ihn richten, um zu uns selbst zu kommen, um unseren Kopf frei zu machen, zur Ruhe und zur Bewusstheit zu finden.

Tiefe Atmung für innere Ruhe

Aus der Gehirnforschung wissen wir, dass je tiefer die Atmung ist, umso weniger Gedanken in unserem Kopf herumschwirren. So können wir bewusst tief ein- und ausatmen, um Ruhe in unseren Kopf zu bekommen. Auch bei der Atmung läuft es also in beide Richtungen: Wir können unsere Atmung genau wahrnehmen und damit Rückschlüsse auf unser Befinden ziehen. Wir können aber auch unsere Atmung so steuern, dass wir unser Befinden damit beeinflussen. Außerdem stärkt die Atmung unseren Körper. So wissen wir, dass das Gehirn 20 Prozent des eingeatmeten Sauerstoffs verbraucht. Durch eine tiefe, lange und ruhige Atmung können wir auch unser Gehirn mit mehr Sauerstoff versorgen. Dadurch bekommt es mehr Treibstoff und ist leistungsfähiger, die Konzentration steigt, ebenso die Gedächtnisleistung, und die Gedankengänge verlaufen störungsfreier. Auch der restliche Körper profitiert davon, vor allem wenn wir durch sportliche Aktivitäten das Volumen unserer Lunge und die Tiefenatmung vergrößern und so die Sauerstoffverteilung verbessern.

Atmung als Indikator für Aktivität und Ruhe

Sie können über die Atmung auch Ihren momentanen Aktivitätsstatus erforschen. Sind Ihre Einatemphasen länger, dann sind Sie eher am Regenerieren. Sie befinden sich in einer Ruhephase, in der sich Ihre Akkus aufladen und Sie auftanken. Sind Ihre Ausatemphasen länger, dann befinden Sie sich in Leistungsbereitschaft, geben Energie ab und sind aktiv. Wenn Sie dann tiefer und länger einatmen, kommen Sie schneller wieder zur Ruhe. Auch über den Atem können Sie also gezielt Einfluss nehmen auf Leistungsbereitschaft und Aktivität oder Regeneration und Entspannung.

6

ÜBUNG

Shaolin-Atem-Energieübung

Ziehen Sie mit jedem langen, tiefen und bewussten Einatmen Ihren Beckenboden nach oben, das heißt, kontrahieren Sie Ihre Beckenbodenmuskulatur. Zum Ausatmen entspannen Sie diese wieder. Üben Sie jeweils zehn Atemzüge lang und beobachten Sie bewusst die Wirkung nach zehn Atemzügen. Schon nach wenigen Übungsschleifen werden Sie wahrscheinlich feststellen, dass Sie wacher sind, lebendiger und energievoller.

Unser Umgang mit anderen

7

→ Konflikte und nervenaufreibende Auseinandersetzungen mit unseren Mitmenschen –
in der Familie, im Beruf oder auch nur im
Straßenverkehr – sind keine Seltenheit.
Verbissen geht es dabei oft um den eigenen
Sieg und die Niederlage des anderen. Gemäß
dem Motto: Ich *entwickle innere Stärke, indem ich andere respektiere und wertschätze,*
können wir unsere Interessen aber auch ohne
Kampf verfolgen.

Der wutverzehrende Dämon

Es war einmal ein Königreich, dessen Herrscher für kurze Zeit verreiste. Während seiner Abwesenheit betrat ein Dämon den Palast. Er war von unbeschreiblicher Hässlichkeit, stank erbärmlich, und seine Worte waren so ekelhaft, dass die Wachen und Palastbediensteten vor Entsetzen erstarrten. So gelangte der Dämon in den großen Saal und setzte sich dort auf den Königsthron. »Raus mit dir«, brüllten die Soldaten und Diener, »hau ab!« Daraufhin wurde der Dämon aber noch größer, noch hässlicher, stank noch unerträglicher, und seine Sprache wurde noch obszöner. Der Zorn der Wärter wuchs, ihr Schimpfen wurde heftiger – und der widerwärtige Dämon immer noch riesiger und abscheulicher.

Als der König zurückkam, wusste er gleich, was er zu tun hatte, denn er war ein weiser Mann. »Willkommen«, sagte er voller Herzlichkeit, »willkommen in meinem Palast. Hat dir schon jemand etwas zu trinken oder zu essen angeboten?« Diese wenigen freundlichen Worte nahmen dem Dämon ein bisschen von seiner Größe und Scheußlichkeit. Die Bediensteten begriffen schnell. Sie brachten dem Dämon Tee, richteten ein leckeres Menü an und massierten ihm die Füße. Jede Liebenswürdigkeit ließ den Dämon immer weiter schrumpfen. Und nach einer allerletzten Freundlichkeit war er schließlich ganz verschwunden.

Achtsam und freundlich
miteinander leben

In den vorangegangenen Kapiteln haben wir gezeigt, wie Sie mit Kör-per, Geist und Gefühlen umgehen können, damit Sie an innerer Stärke und Zufriedenheit gewinnen. Da wir aber nicht allein auf der Welt sind, gehört zu unserem Glück auch immer unser Verhältnis zu anderen Menschen. Als soziale Wesen sind wir sogar abhängig von anderen Lebewesen, vor allem von denen, die uns nahestehen, wie unsere Familien, Freunde, Kollegen, Kunden oder Chefs. Deshalb gehört zu unserer eigenen Stärke immer auch die Stärke, die wir im Umgang mit anderen haben.

Es ist ein Grundprinzip der Shaolin-Philosophie und des Buddhismus allgemein, dafür zu sorgen, dass es uns und auch den anderen gut geht. Denn wenn es uns gut geht, profitieren davon auch die Men-schen in unserem Umfeld – und umgekehrt. Wie tief dieses Grund-prinzip im Buddhismus verwurzelt ist, zeigt sich zum Beispiel daran, dass die Bodhisattvas, erleuchtete Menschen, die eigentlich nicht mehr in den Kreislauf von Tod und Wiedergeburt zurückkehren müssten, freiwillig in die Welt zurückkommen (etwa als Dalai Lama), um den Menschen auf ihrem Weg zu innerer Stärke und dauerhaftem Glück zu helfen und das Leid in der Welt zu mindern. Auch die Shao-lin-Mönche verfolgen diese Absicht. Eine wesentliche Voraussetzung auf diesem Weg zum Glück in der Welt ist, sich selbst und anderen gegenüber achtsam und freundlich zu sein, gemäß dem Goethe-Zitat: »Behandle die Menschen so, als wären sie, was sie sein sollten, und du hilfst ihnen, so zu werden, wie sie sein könnten.« Mit dieser Hal-tung tragen wir dazu bei, dass das Leid auf der Welt immer weiter schrumpft, genau wie der Dämon in der Shaolin-Geschichte.

7

Konflikte
friedlich austragen

Die Welt ist geprägt von kriegerischen Auseinandersetzungen. Nach wie vor ist es zwar der Wunsch der meisten Menschen, friedlich miteinander zu leben, doch die Realität sieht anders aus. Krieger, Soldaten, Ritter – zu jeder Zeit und in fast allen Kulturen prägen sie das Männerbild. Dem setzen Buddhisten wie die Shaolin-Mönche eine gänzlich andere, friedliche Haltung entgegen, eine ohne Ausübung von körperlicher oder geistiger Gewalt. Obwohl die Mönche die Kampftechniken ursprünglich auch dafür entwickelt haben, um sich in ihrem abgelegenen Kloster gegen wilde Tiere und Überfälle zu verteidigen – was auch im Buddhismus absolut legitim ist –, kämen sie nie auf die Idee, ihre tödlichen Techniken außer zur Selbstverteidigung gegen andere Lebewesen einzusetzen. Deshalb messen sich die Mönche auch nicht in Wettkämpfen, obwohl sie die besten Kung-Fu-Kämpfer hervorbringen. Ihre »Kampfkunst« zielt lediglich darauf ab, den Körper zu trainieren, um dadurch innere Stärke zu entwickeln. Und mit dieser inneren Stärke kann man auch Konflikten begegnen.

Der Kern von Konflikten

Wir werden Konflikte mit anderen nicht vermeiden können, da zwischen Menschen immer wieder unterschiedliche Erwartungen aufeinandertreffen, also unterschiedliche Einstellungen und Werte. Sie bilden den Kern jedes Konfliktes. Das Entscheidende ist, wie wir diese Unterschiede bewerten, ob wir sie wert-*schätzen* oder sie *ab*-werten. Erst die Bewertung bestimmt die Art und Weise, wie wir mit den unterschiedlichen Erwartungen umgehen. Damit soll nicht einer konfliktscheuen Einstellung Vorschub geleistet werden, die um der

(Schein-)Harmonie willen Auseinandersetzungen ausweicht. Vielmehr geht es um eine bewusste Haltung, die wir einnehmen können.

>> Es gibt nur eine **falsche** Sicht der Dinge:
der Glaube, **meine** Sicht
sei die **einzig richtige.** <<

[Nagarjuna]

Um das Beispiel der Pünktlichkeit noch einmal aufzugreifen: Ist sie uns wichtig, können wir zunächst erst einmal darauf achten, dass wir selbst pünktlich sind, ohne es von Anfang an gleich von anderen zu erwarten. Mit der entsprechenden Selbsterkenntnis und Toleranz müssen wir denselben Wert nicht automatisch auch bei anderen voraussetzen. Wir gewinnen innere Freiheit und Stärke, wenn wir uns bewusst sind, dass andere Menschen andere Werte und Einstellungen haben als wir. Dann können wir diese genauso respektieren, wie wir selbst erwarten, dass andere unsere Werte und Einstellungen respektieren.

Ich-Botschaften statt Vorwürfe

In einer konstruktiven Auseinandersetzung äußern wir unsere Erwartungen und auch die Gefühle, die daraus entstehen, als Ich-Botschaft: »Ich bin verärgert, weil *ich* um diese Zeit fest mit dir gerechnet habe«, wäre eine angemessene Ich-Botschaft bei unserem Beispiel Pünktlichkeit. Entscheidend ist, solche Gefühle wahrheitsgemäß und ehrlich zu äußern, ohne dem anderen dabei Vorwürfe zu machen, ohne ihm die Schuld und die Verantwortung – für unsere schlechten Gefühle – zu-

zuschieben, im Sinne von: »Ich bin traurig, weil *du* mich versetzt hast.« Auf diese Art von Vorwürfen reagieren Menschen meist mit Ablehnung und ihrerseits mit negativen Störgefühlen, was die Konfliktspirale antreibt. Die Folgen sind destruktive Auseinandersetzungen, und im schlimmsten Fall kommt es zu (erst innerer, dann äußerer) Trennung, zu Gewalt und Krieg. Unsere Welt ist voll davon. Und auf diese Art machen wir außerdem andere für unser (Un-)Glück, für unsere (Un-)Zufriedenheit verantwortlich – und machen uns und unser Wohlergehen von anderen abhängig. Das aber ist genau das Gegenteil von innerer Freiheit und Stärke und davon, das Leben unter der eigenen Kontrolle zu haben.

Den anderen wertschätzen

Es ist bei Konflikten auch hilfreich, den anderen offen und unvoreingenommen nach seinen Erwartungen, Beweggründen oder Standpunkten zu fragen. Denn dahinter stehen seine Werte und Einstellungen, die ja den Menschen häufig – wie wir von uns selbst wissen – gar nicht bewusst sind. Sehr oft werden wir dann erfahren, dass keine kränkende Absicht hinter dem Verhalten des anderen steckt, sondern eben auch nur seine Werte und Einstellungen, die naturgegeben andere sind als die unseren. Schreiben wir diesen Werten und Einstellungen denselben Stellenwert, dieselbe Daseinsberechtigung zu wie unseren eigenen, dann fällt es uns leichter, sie zu akzeptieren. Wir können uns auf dieser Basis auch konstruktiver auseinandersetzen und besser miteinander verhandeln, denn wir sind respektvoller, verhandlungsoffener und kompromissbereiter.

Auch modernes Konfliktmanagement empfiehlt diese Grundhaltung. Dabei kann am Ende eine Win-Win-Lösung stehen, mit der sich beide Seiten wohlfühlen, ohne Sieger und Verlierer. Und wenn es keine einvernehmliche Lösung gibt, findet man eben nicht zueinander, auch das darf sein und ist völlig legitim. Entscheidend ist der wertschätzende, respektvolle Umgang miteinander oder zumindest, dass wir selbst so mit unserem Gegenüber umgehen. Von ihm sollten wir das nicht erwarten, sonst sitzen wir bereits wieder in der Erwartungsfalle! Die Engländer haben sich Gandhi und der indischen Freiheitsbewegung gegenüber meist auch nicht respektvoll und wertschätzend verhalten, und dennoch ist Mahatma Gandhi seiner Einstellung und Strategie treu geblieben: »Du musst die Veränderung sein, die du in der Welt sehen willst.«

ÜBUNG

Konfliktübung

→ Versuchen Sie bei Ihrem nächsten Konflikt konsequent Ihre Wünsche, Erwartungen und Gefühle als Ich-Botschaften zu formulieren. Vermeiden Sie alle Appelle, Vorwürfe, Forderungen oder gar Schuldzuweisungen gegenüber dem anderen. Nehmen Sie nach dem Konfliktgespräch bewusst die Wirkung Ihrer Haltung bei sich (und möglicherweise auch bei Ihrem Gegenüber) wahr. Wie fühlen Sie sich? Was war anders als sonst?

→ Versuchen Sie bei Ihrem übernächsten Konflikt Fragen an Ihren Konfliktpartner zu richten, zum Beispiel: Wie siehst du das? Was sind deine Wünsche (oder Erwartungen)? Was genau ist dein Standpunkt? Nach derartigen Fragen sind oft lösungsorientierte Fragen sinnvoll, etwa: Was wäre nun eine mögliche Lösung? Wie machen wir jetzt weiter? Was wäre dein Vorschlag für ...?
Nehmen Sie nach diesem Konfliktgespräch bewusst die Wirkung Ihrer Fragen bei sich (und möglicherweise auch bei Ihrem Gegenüber) wahr. Wie fühlen Sie sich? Was war anders als sonst?

7

Flexibel und beharrlich zugleich sein

Voraussetzung für konstruktive Auseinandersetzungen ist ein hohes
Maß an Bewusstheit, an Selbstkenntnis. Fehlt dieses, dann schließen
wir vorschnell von uns auf die anderen, dann merken wir gar nicht,
dass wir anderen häufig unsere Erwartungen überstülpen, sondern
denken automatisch, der andere müsste das doch genauso machen
oder sehen wie wir. Gelingt es uns dagegen, unsere Positionen und
Gefühle nicht als allgemeingültig hinzustellen und stattdessen in kla-
ren Ich-Botschaften zu formulieren, werden wir schnell merken, wie
uns das die Türen öffnet, wie andere mit Weichheit, Offenheit und
Verständnis reagieren – und sich gar nicht erst zum Kampf heraus-
gefordert fühlen.

Manchmal fällt es uns allerdings schwer, unsere Werte und Einstellungen
loszulassen. Dann hilft es zu realisieren, dass sie nicht in Stein gemei-
ßelt sind, dass alles im Fluss ist. Blicken Sie zum Beispiel in Fünfjah-
resschritten bis in Ihre Teenagerzeit zurück, und versuchen Sie, sich
daran zu erinnern, was Ihnen in den fünf Jahren jeweils wichtig war.
Sie werden wahrscheinlich die Relativität, die Veränderung und Entwicklung auch Ihrer eigenen Einstellungen erkennen, denn viele Haltungen und Prioritäten ändern sich – etwa durch vielerlei Erlebnisse
und zunehmende Erfahrung und Reife – im Lauf der Zeit.

Sogar unsere Tagesform verändert unsere Bewertungen: Sind wir schlecht
gelaunt oder krank, werden wir fordernder auf die Einhaltung unserer
Erwartungen bestehen und auf die »Richtigkeit« unserer Haltung
pochen, als wenn wir zum Beispiel gerade gut erholt aus dem Urlaub
kommen oder frisch verliebt sind. – Vor allem in letzterem Zustand
verzeihen wir fast jedem fast alles.

Sich selbst nicht verlieren

Die Idee eines wertschätzenden und achtsamen Umgangs miteinander ist keineswegs, sich aufzuopfern und völlig selbstvergessen nur für andere da zu sein. Das würde unsere Energie aufbrauchen, sodass wir alsbald niemandem mehr helfen könnten, nicht mal mehr uns selbst. Und am Leid der anderen würde eine solche Haltung auch nichts ändern, denn wir würden unsere Mitmenschen nur davon abhalten, für sich selbst Entscheidungen zu treffen und Verantwortung zu übernehmen. Zu Veränderungen im Außen kommt es nur, wenn wir konsequent und beharrlich unsere Ziele in uns selbst verfolgen.

> Wir verändern die Welt,
> indem wir uns verändern.
>
> [Seneca]

Am besten lässt sich das mit der Kraft des Wassers vergleichen: Wenn wir es greifen und halten wollen, fließt es einfach durch unsere Hände. Und doch ist das Wasser stärker als jede Felsküste, denn sein »steter Tropfen höhlt den Stein«. Wasser ist zwar weich, geschmeidig und flexibel, zugleich aber auch geduldig und beharrlich. Für uns heißt das, uns unserer selbst, unserer Einstellungen und Werte bewusst zu sein, die unser Denken, unser Fühlen und unser Verhalten bestimmen (siehe auch die Abbildung »Bewusstseinsrad« auf Seite 23). Mit diesem Bewusstsein können wir frei entscheiden, ob wir bestimmte Einstellungen loslassen oder aber für sie einstehen wollen und sie auch nach außen, unserer Mitwelt gegenüber vertreten. Im zweiten Fall können wir uns die Kraft des Wassers zum Vorbild nehmen, indem

7

wir unsere Einstellungen und Werte weich und geschmeidig, flexibel und dennoch beharrlich vertreten. So können wir uns selbst treu bleiben und werden darüber hinaus auch bei unseren Mitmenschen eher auf Verständnis uns gegenüber stoßen als auf Ablehnung. Verhalten wir uns dagegen stur und hart, versuchen anderen unsere Werte aufzuzwingen, werden wir auch Sturheit und Härte begegnen. Und wir haben uns selbst schon verloren, weil wir uns zu Sklaven unserer Einstellungen gemacht haben, anstatt sie uns bewusst zu machen und loszulassen oder eben bewusst zu behalten und im Sinne der Wassermetapher zu verfolgen.

Sich in andere hineinversetzen

Gelingt es uns, respektvoll, wertschätzend, offen und tolerant zu sein, dann können wir andere, ihre Positionen, ja ihr ganzes Wesen besser kennenlernen. Dazu wiederum können wir versuchen, uns in sie hineinzuversetzen. Wir können echtes Mitgefühl entwickeln. Eine wichtige Rolle spielen dabei die Spiegelneuronen. Durch sie werden in unserem Gehirn, wenn wir zum Beispiel eine Handlung oder ein Verhalten bei anderen beobachten, die gleichen Reize ausgelöst, als würden wir selbst entsprechend handeln oder uns verhalten. So können wir etwas über andere erfahren, indem wir ihre Körperhaltung und -sprache entschlüsseln.

Wesentliche Grundlage dafür, andere besser zu verstehen, ist natürlich auch die Kommunikation, der Austausch miteinander. Indem wir andere nach ihren Einstellungen, Beweggründen und Gefühlen fragen, können wir erfahren, was in ihnen vorgeht, und uns in sie einfühlen. Das funktioniert allerdings nur, wenn uns der andere tatsächlich interessiert, wenn uns auch wirklich an ihm gelegen ist und daran, ihn besser zu verstehen. Dazu brauchen wir die Wertschätzung im eigentlichen Wortsinn, nämlich die Werte des anderen zu schätzen. Und wir müssen bereit sein, den anderen so zu nehmen, wie er ist, ohne ihn zu bewerten oder ändern zu wollen. Wir achten ihn in gleicher Weise wie uns selbst, achten darauf, dass er sein Gesicht nicht verliert, seine Würde behält. Ohne diese Haltung würden wir nicht die richtigen Fragen stellen oder nicht aufmerksam genug zuhören. Voraussetzung dafür ist eine annehmende Haltung auch uns selbst gegenüber – so wie Sie es in den vorangegangenen Kapiteln lesen und üben konnten.

ÜBUNG

Rate, was ich fühle!

Suchen Sie sich für diese Übung einen Partner: Einer von beiden (zunächst Sie) imaginiert eine Situation, die in ihm ein bestimmtes Gefühl auslöst (etwa Ärger). Dabei ist es hilfreich, sich etwas Zeit zu nehmen (etwa eine Minute) und sich wirklich auf die Vorstellung einzulassen (sich also eine Situation intensiv vorzustellen, die in Ihnen Ärger auslöst), damit sich die entstehenden Gefühle im Körper ausbreiten können. Der Partner soll dann erraten, was Sie momentan fühlen. Dazu studiert er Ihren Gesichtsausdruck und Ihre Körperhaltung. Nach etwa zwei Minuten brechen Sie ab und tauschen sich mit dem Partner aus, was er wahrgenommen/gefühlt hat und ob er richtig oder falsch lag. Wichtiger ist in jedem Fall das genaue Wahrnehmen und Spüren als die richtige Lösung. Danach werden die Rollen getauscht. Mit dieser Übung können Sie Ihr Einfühlungsvermögen und Ihre Beobachtungsfähigkeit gezielt verbessern.

Ohne Partner können Sie auch auf einem belebten Platz oder in einem Straßencafé üben. Allerdings fehlt die anschließende Kontrolle, ob Ihre Beobachtungen richtig waren – es sei denn, Sie trauen sich, Passanten danach zu befragen. Der Überraschungseffekt ist sicher, und ihre Beobachtung prägt sich Ihnen umso besser ein!

7

Alles zu seiner **Zeit**

→ Viele Menschen hadern mit der Zeit, weil sie zu wenig davon haben. Doch der Zeit ist kein Vorwurf zu machen. Wir selbst hindern uns daran, zur rechten Zeit das Richtige zu tun. *Ich entwickle innere Stärke, indem ich mit Gelassenheit den Blick auf das Wesentliche richte* – würden wir uns das zu Herzen nehmen, könnten wir bald aufhören, über Zeitmangel zu klagen.

Zweifelhafte Unternehmensberatung

Ein Fischer sitzt am Bootssteg, seine Beine baumeln, und er blickt aufs Meer hinaus. Da tritt ein wohlhabender Tourist zu ihm hin und fragt: »Waren Sie heute schon auf Fischfang?« Der Fischer nickt. »Fahren Sie noch einmal aus?« Der Fischer schüttelt den Kopf. »Aber es ist doch gutes Wetter, und Sie können, wenn Sie noch zwei- oder dreimal ausfahren, viel mehr Fische fangen!« Der Fischer blickt den Mann groß und zweifelnd an. Der Tourist, offensichtlich ein erfolgreicher Geschäftsmann, fährt fort: »Sie können mit den Einnahmen der weiteren Ausfahrten zusätzliche Fischkutter kaufen und Fischer anstellen und so die Ausbeute und die Gewinne steigern. Sie können bald eine eigene Fischfabrik aufbauen und… und… und…«

Begeistert redet der Geschäftsmann sich in Fahrt, macht den armen Fischer in Gedanken zu einem reichen Fischerei-Unternehmer. Er schließt mit den Worten: »Und wenn Sie das alles erreicht haben, guter Mann, dann – dann können Sie hier sitzen, den Tag genießen und aufs Meer hinausschauen!«

Der Fischer sieht ihn wieder an, blickt dann wieder aufs Meer hinaus und sagt: »Aber das habe ich doch gerade getan, bis Sie mich dabei gestört haben!«

Der **west-östliche Gegensatz**

In der westlichen Welt ist die Vorstellung tief verwurzelt, es gäbe so etwas wie Beständigkeit und Ewigkeit. Darüber hinaus bestimmt wirtschaftliches Wachstum beinahe alle Lebensbereiche unserer Kultur. Beides hindert uns daran, mit Gelassenheit und Ruhe durch das Leben zu gehen. Allzu oft versuchen wir, verbissen etwas zu behalten oder zu erreichen, und haben das Gefühl dafür verloren, was uns guttut – beispielsweise dafür, dass wir Zeiten der Ruhe und der Aktivität brauchen, um innerlich stark und körperlich gesund zu bleiben, oder dafür, was zu welcher Zeit am besten zu tun ist. Vor allem, wenn es uns schlecht geht und wir das als unveränderlich betrachten, geraten wir in eine innere Unruhe, was uns psychisch und physisch schwächt. Und wenn es uns gut geht, dann stellt sich bald die Angst ein, diesen Zustand wieder zu verlieren, was unserer inneren Stärke ebenfalls abträglich ist.

In der buddhistischen Philosophie und damit auch in der Shaolin-Tradition wirkt eine völlig andere Grundeinsicht, nämlich, dass alles im Fluss ist und alles miteinander zusammenhängt. Deshalb ist es auch nicht erstrebenswert, etwas zu behalten oder zu erreichen, um es dann zu bewahren. Damit würden wir uns nur gegen den natürlichen Lauf der Dinge stellen. Die beiden Protagonisten in der Shaolin-Geschichte repräsentieren in gewisser Weise diesen west-östlichen Gegensatz. Allerdings haben in den letzten Jahren buddhistische Weisheiten Eingang in unser westliches Denken gefunden, und der Fischer in der Geschichte kann uns als (Vor-)Bild dienen, wenn es darum geht, sich gelassen und innerlich stark durch Raum und Zeit zu bewegen: Er hat das Gespür dafür, wann es Zeit ist, aufs Meer hinauszufahren und zu fischen, wann es Zeit ist, am Ufer zu sitzen und nichts zu tun.

8

Sich in
Gelassenheit üben

Die meisten Menschen wünschen sich mehr Gelassenheit und innere Ruhe. Doch in der Regel gelingt es uns eben nicht, ruhig zu bleiben, vor allem wenn um uns herum Unruhe herrscht und Dinge passieren, die uns nicht gefallen. Gerade in schwierigen Lebenssituationen, in denen wir so dringend mehr Gelassenheit bräuchten, fällt es uns besonders schwer, gelassen zu sein, weil wir häufig gegen das sind, was geschieht. Wir können dann nicht loslassen, sondern beschäftigen uns besonders intensiv und verbissen mit einer Situation, in der Annahme, wir könnten sie dadurch lösen oder verändern. Doch genau das Gegenteil ist meist der Fall: Je zwanghafter wir verändern wollen, umso weniger ändert sich – weil wir nicht loslassen und den Dingen nicht ihren Lauf lassen. Wenn wir nur erkennen könnten, dass auch schlechte Zeiten und unangenehme Gefühle vergehen, genauso wie sie kommen – wie viel weniger Leid und Drama würden wir erleben! Aus dieser Einsicht heraus entwickeln wir innere Stärke in Form von Gelassenheit!

Alles ändert sich – ständig!

Alles ist im Fluss – das betrifft auch die buddhistische Vorstellung vom Ich, während die westliche Welt von einem Ego ausgeht, das von der Geburt bis zum Tod gleich ist, im christlichen Glauben sogar über den Tod hinaus: Die Seele wird nach dem Tod aufbewahrt, bis sie erlöst wird. Diese Ich-Idee ist sehr anhaftend. Die buddhistische Philosophie kennt dagegen kein festes Ich-Konzept, sie hält das für ein gedankliches Konstrukt, eine große Illusion und pflegt die Vorstellung, dass wir uns ständig verändern – so wie sich alles verändert:

»Das einzig Beständige ist der Wandel«, wie es die Zen-Weisheit auf den Punkt bringt. Deshalb akzeptieren Buddhisten die Vergänglichkeit der eigenen Existenz sowie aller Dinge und Lebewesen und haften nicht an ihnen an.

Diese Vorstellung deckt sich mit der Erkenntnis der Biologie, dass sich unsere Zellen permanent erneuern. Wir sind also physisch nie der gleiche Mensch, der wir gestern, vor fünf Monaten oder zehn Jahren waren. Fotos aus der Vergangenheit belegen dies ja auch. Und dass wir unser Wesen, unseren Charakter permanent verändern, indem wir uns weiterentwickeln, das dürfte ebenso offensichtlich sein. So ist das Einzige, was meist gleich bleibt und was uns vom Lebensanfang bis zum Tod begleitet, der Name, den uns unsere Eltern gegeben haben (und selbst den wechseln viele Menschen heutzutage des Öfteren).

Unser Leben ist eine **ständige Abfolge** von verschiedenen **Zuständen** und **Gefühlen**. **Nichts** ist **bleibend**, nichts unbeweglich.

[Milidapana]

Wie Psychologen herausgefunden haben, verändern sich sogar die Geschichten unseres Lebens immer wieder. Lässt man Menschen ihre Lebensgeschichte wiederholt erzählen, verändert sich diese häufig – und das nicht, weil sie bewusst etwas weglassen oder verzerren würden, sondern weil die momentane persönliche Verfassung die Geschichte verändert. Zudem beeinflussen natürlich auch die Lebensphasen, die persönliche Reife und das Lebensalter den Blick zurück. Sobald es uns gelingt, diesen permanenten Wandel, diese ständige Veränderung zu erkennen, zu akzeptieren und zu verinnerlichen, werden

8

wir dem Leben gegenüber automatisch gelassener und ruhiger. Gedanken, Gefühle und körperliche Befindlichkeiten kommen und gehen, heute fühlen wir uns so, morgen anders. Menschen, alle Lebewesen, das Wetter, selbst die Erde, die Sonne, die Planeten und das ganze Universum kommen und gehen, einfach alles.

Alles hängt mit allem zusammen

Neben der Einstellung, dass sich alles ständig verändert, gibt es noch eine zweite wesentliche buddhistische Einsicht in das Wesen der Dinge, die Shaolin-Mönche verinnerlicht haben: Alles hängt mit allem zusammen. Die tiefe Erkenntnis und Erfahrung dieser Gesetzmäßigkeit hebt die bedrohlichen Begleitgefühle von Trennungen (wie Wut, Eifersucht, Hass und Neid) ebenso auf wie das Gefühl der Einsamkeit – und führt so ebenfalls zu größerer Gelassenheit.

Da alles mit allem zusammenhängt und die Dinge ständig im Wandel sind, hat jede äußere Handlung und jede geistige Haltung unweigerlich Folgen. Das ist das buddhistische Prinzip des Karmas. Ein bereits ausführlich beschriebenes Beispiel für das Karma-Prinzip ist das Bewusstseinsrad auf Seite 23. Wie weitreichend solche Handlungsketten und Verzahnungen sind, lässt sich an dem einfachen Beispiel des Papiers zeigen, auf dem dieser Text gedruckt ist. Es besteht überwiegend aus Holz, stammt also von Bäumen, die irgendwo gewachsen sind, die Wasser aufgenommen haben, das aus irgendeinem Meer irgendwann verdunstet ist und dann als Regen wieder auf die Erde fiel. Die Bäume wurden von Menschen gefällt, die alle eine eigene Geschichte haben, Generationen zurückreichend. Im Sägewerk wurden die Bäume bearbeitet, wieder von Menschen, die alle wiederum eine eigene Geschichte haben, Generationen zurückreichend. Danach wurde das Holz in der Papierfabrik weiterbehandelt, mit Kleister angereichert, gepresst, vielleicht gebleicht, mehrfach transportiert. Dann wurde das Papier geschnitten, in der Druckerei bedruckt und so weiter. Allein an dieser völlig unvollständigen Aufzählung wird deutlich, dass schon bei einem Blatt Papier unendlich viele Zusammenhänge und Bezüge (in Raum und Zeit) existieren. »Letztendlich besteht alles, was wir kennen, aus einem ständig sich verändernden und permanent wechselwirkenden kosmischen Tanz aus Energie.« Dieser Satz stammt von dem berühmten Kernphysiker Werner Heisenberg, könnte aber genauso gut aus der Shaolin-Tradition oder von Buddha kommen. Auch wir selbst leben in unendlich vielen Verbindungen mit anderen Menschen und Dingen. Doch wenn wir zu sehr auf unser Ego konzentriert und mit uns beschäftigt sind, vergessen wir das Drumherum. Wir sehen nur uns selbst mit unserem Schicksal, unserem Leben und Leiden – und pflegen damit unsere Schwäche. Würden wir uns gelassen als Teil eines Ganzen betrachten, kämen wir uns im ersten Moment vielleicht klein vor, würden aber an innerer Größe gewinnen.

ÜBUNG

Gelassenheit entwickeln

Wir können Gelassenheit durch das bewusste und intensive Wiederholen der Formulierung »gelassen im Moment niederlassen« entwickeln. Denken Sie diese Formulierung immer während des Ausatmens und machen Sie sich dabei Ihre Körperbasis (Gesäß, Becken, Unterbauch) im Kontakt zu Ihrer Sitzunterlage (Stuhl, Kissen oder Decke) bewusst. Stellen Sie sich dabei auch »gelassen im Moment niederlassen«, wie in der Metta-Meditation auf Seite 77, vor und spüren Sie das Gefühl dabei. Wiederholen Sie gedanklich die Formulierung immer und immer wieder, bis sich Gegenwärtigkeit, Festigkeit, Ruhe und Gelassenheit in Ihnen mehr und mehr ausbreiten.

8

Den **richtigen** Augenblick **erkennen**

Häufig prägen Ungeduld, Hektik und Zeitmangel unseren Alltag. Doch woher rührt das Gefühl, »zu wenig Zeit« zu haben? Um die Frage zu beantworten, lohnt es sich, den Zeitbegriff einmal näher anzusehen. Im alten Griechenland gab es interessanterweise drei unterschiedliche Bezeichnungen für »Zeit«. Das war zum einen »Chronos«, damit ist die Zeit gemeint, die wir objektiv zur Verfügung haben, also die 24 Stunden eines Tages, die 7 Tage einer Woche usw. Manchmal vergeht die Zeit für uns allerdings – subjektiv – schneller oder langsamer, je nachdem, wie intensiv, wie bewusst unser Leben gerade ist. Diese subjektive Wahrnehmung der Zeit leitet bereits zum zweiten Begriff, »Kairos«, über. Dieser meint den »richtigen Zeitpunkt« oder den »passenden Augenblick«. Hierfür können wir ein bewusstes Gefühl entwickeln, eine Intuition dafür, wann wir was am besten tun können. Der dritte Zeitbegriff heißt »Äon«, was »Zeitalter« und »Zeitabschnitt« bedeutet. Er wird zum Beispiel für die Lebensphasen wie Kindheit, Jugend und Erwachsenenalter verwendet, den natürlichen Kreislauf der Jahreszeiten oder für den Wechsel von Tag und Nacht. Dabei löst ein Zeitabschnitt den anderen ab.

Es ist **nicht wenig** Zeit, die wir haben,
sondern es ist **viel Zeit,**
die wir nicht nutzen.

[Seneca]

Oft gehen wir falsch mit diesen drei Zeitebenen um: Wir stopfen zu viele Aktivitäten (Einkäufe, Telefonate etc.) in eine Stunde unserer Chronos-Zeit. Wir nutzen die günstigen Kairos-Momente nicht, indem wir eine störungsfreie Stunde am Vormittag (die geistige »Primetime«!) vertrödeln oder nicht trinken, obwohl wir Durst haben. Wir leben gegen unsere Äon-Zeit, indem wir mit 71 erstmals ein intensives Marathontraining angehen oder mit 28 eine Stelle wollen, die großer Seniorität bedarf.

Wenn wir allerdings bewusst und aufmerksam auf solche Verfehlungen in unserem Umgang mit der Zeit achten, ruhig unseren Weg gehen und warten, bis unsere Intuition, unser Bauchgefühl, von innen heraus meldet, wann die Zeit reif ist, können wir die Kairos-Momente erkennen, nutzen und die Früchte – Geduld, Gelassenheit und genügend Chronos-Zeit – ernten. Wir verabschieden uns vom Mangel und gewinnen innere Stärke!

Regelmäßig Rituale pflegen

Natürlich ist es nicht immer möglich, Dinge zum subjektiv richtigen Zeitpunkt zu tun, weil wir in bestimmte Rahmenbedingungen eingebunden sind. Dann können wir im Büro vielleicht keinen Mittagsschlaf halten, obwohl unser Körper danach verlangt. Oder wir können keinen Abendspaziergang machen, weil wir unsere Kinder noch ins Bett bringen müssen. Aber so gut es geht, sollten wir dennoch versuchen, zum richtigen Zeitpunkt das Richtige, das Passende zu tun. Das heißt vor allem, den Tag so zu strukturieren, wie es unserem persönlichen Rhythmus und unseren Bedürfnissen am nächsten kommt. Sonst schwimmen wir – bildlich gesprochen – allzu oft gegen die Strömung und verbrauchen dabei sehr viel Kraft.

Unser Vorhaben können wir sehr gut mit Ritualen unterstützen. Beispielsweise können wir uns angewöhnen, regelmäßig jeden Morgen nach

8

dem Aufstehen ein Glas warmen Tee zu trinken und zehn Minuten lang Qigong-Übungen zu praktizieren. Und abends können wir zehn Minuten vor dem Schlafengehen eine Metta-Meditation (siehe Seite 77) machen oder unsere Achtsamkeit üben, indem wir unsere Gedanken wahrnehmen, sie annehmen und vorbeiziehen lassen (siehe Seite 51). Auf diese Art schaffen wir den äußeren Rahmen und die innere Ruhe für einen nährenden, stärkenden Umgang mit der Zeit.

Planen und trotzdem flexibel bleiben

Auch innerhalb dieses Rahmens können wir durch eine sinnvolle Planung dafür sorgen, dass wir möglichst häufig die richtigen Zeitpunkte für uns nutzen. Wissen wir zum Beispiel, dass wir vor allem morgens frisch und konzentrationsfähig sind, legen wir uns die entsprechenden Tätigkeiten in diese Phase. Gehören wir zu den Menschen, die vor allem nachmittags ihre geistigen Höhenflüge erreichen, reservieren wir uns die Zeit dafür eben am Nachmittag. Wichtig ist natürlich, dass wir uns selbst sehr gut kennen (siehe Kapitel 2 und 5), um die für uns passende Zeiteinteilung zu finden.

Zudem können wir uns entsprechende Freiräume einrichten, das heißt, nicht den ganzen Tag, nicht jede Stunde zu verplanen, sondern uns Flexibilität zu erhalten, um unvorhergesehenen Dingen, spontanen Impulsen und körperlichen oder geistigen Bedürfnissen Zeit geben zu können. Solche »Zeitpuffer« sind ein wichtiges Mittel, um den Alltag zu entstressen und zu entschleunigen und damit auch, uns innerlich Kraft zu verleihen.

Regelmäßigkeit und Rituale sowie Planung und Flexibilität helfen uns dabei, die Kairos-Momente nicht zu versäumen und unsere innere Balance zu stärken. Die Chinesen symbolisieren diese Ausgeglichenheit mit dem bekannten Yin-und-Yang-Prinzip (siehe Info auf der gegenüberliegenden Seite).

Das Prinzip von Yin und Yang

Die Chinesen glauben, dass sich die Welt durch die Urkräfte Yin und Yang offenbart. Sie sind davon überzeugt, dass wir nur dann glücklich und erfolgreich sein können, wenn wir mit diesen kosmischen Kräften im Einklang leben. Beide Kräfte werden als gleichwertig betrachtet, kein Pol soll dominieren, sie sollen sich in einem dynamischen Gleichgewicht befinden. Gegensätze heben sich also nicht gegenseitig auf – wie das aus westlicher Sicht oft angenommen wird. In der östlichen Vorstellung erwecken und ergänzen sie einander und ermöglichen dadurch Wandel und Entwicklung.

Alles um uns herum lässt sich dem Yin- oder Yang-Prinzip zuordnen. Überall in der Natur zeigt sich der ständige Wechsel von Yin und Yang: Tag und Nacht, Sommer und Winter, Ebbe und Flut, Trockenheit und Nässe. Bei uns Menschen ist es zum Beispiel Wachheit und Müdigkeit, Hunger und Sättigung, Wärme und Kälte, Freude und Leid, Leben und Tod. Hier findet sich auch wieder die Zeitqualität »Kairos«. Etwa wenn wir uns in der Yinphase »Müdigkeit« befinden, ist es förderlich, zu diesem Zeitpunkt das Richtige zu tun, nämlich zu ruhen.

Yin und Yang stehen für Ganzheit durch Dualität, also das Prinzip, dass das Ganze erst durch die Polaritäten in Erscheinung treten kann, dass etwas seinen Gegenpol braucht, um »ganz«, um vollkommen zu sein. So wird zum Beispiel Helligkeit erst durch Dunkelheit sichtbar und eine Phase der Entspannung erst durch eine Phase der Anspannung wertvoll. Beide Pole stehen sich somit nicht konkurrierend gegenüber, sondern brauchen und ergänzen einander. Das macht beide auch wertneutral, keiner ist besser oder schlechter als der andere. Wenn wir diese Bedingtheiten und Notwendigkeiten anerkennen und umsetzen, werden wir ausgeglichener leben und unsere Zeit besser nützen können.

8

Den **Fokus** auf das **Wesentliche** richten

Im Kontext der Frage nach dem richtigen Zeitpunkt, nach dem richtigen Umgang mit der Zeit oder – modern ausgedrückt – nach dem richtigen »Zeitmanagement« taucht sehr schnell die Frage auf: »Was ist wirklich wichtig?« Shaolin-Mönche orientieren sich bei der Antwort darauf ganz an ihrem zentralen Wert: Ich achte darauf, dass es mir und den anderen gut geht. Danach richtet sich ihr Tagesablauf: die Schlafenszeiten, die körperlichen Übungen, die Meditationen, die Mahlzeiten und die Tätigkeiten für die Gemeinschaft.

Auch für uns ist die Frage nach dem Wesentlichen von großer Bedeutung. Wir leben allerdings nicht im Kloster, sondern in ganz anderen Zusammenhängen, sind einerseits vielen Zwängen und andererseits vielen Wahlmöglichkeiten ausgesetzt. Deshalb ist es hilfreich, dass wir die Frage nach dem Wesentlichen in unseren persönlichen Kontext stellen, auf unser Leben beziehen. Wir wollen Ihnen zunächst aber drei grundlegende Weisheiten zur Frage des Wesentlichen vermitteln. Sie können Ihnen dabei helfen, Ihre individuelle Antwort zu finden, ohne sich weitläufig zu verzetteln (und damit den Geist zu schwächen). Sie weisen darauf hin, worauf es im Grunde wirklich ankommt, nämlich auf die Sammlung Ihrer Kräfte im Hier und Jetzt.

Herausfinden, was wirklich wichtig ist

Vor langer Zeit lebte ein Kaiser, der nach einer Lebensphilosophie und nach Weisheit Ausschau hielt, um sein Land und sich selbst gut zu lenken. Durch einen Mönch wurde ihm klar, dass er nur die Antworten auf drei grundlegende Fragen finden müsse, um weise und gut regieren zu können. Die drei Fragen lauten:

1. Wann ist die wichtigste Zeit?
2. Wer ist der wichtigste Mensch?
3. Was ist die wichtigste Sache, die zu tun ist?

Der Kaiser fand schließlich die Antworten:

1. Die wichtigste Zeit ist natürlich »jetzt«, der Augenblick. Es ist die einzige Zeit, in der wir wirklich handeln können. In fünf Minuten kann es schon zu spät sein. Wenn wir uns zum Beispiel bei jemandem entschuldigen möchten, tun wir das möglichst sofort. Die Gelegenheit könnte nie wieder kommen.

> Es gibt nur eine Zeit,
> in der es wesentlich ist aufzuwachen.
> Diese Zeit ist jetzt.

[Buddha]

2. Die Zeitfrage führt uns dann schon fast zwangsläufig zur nächsten Antwort: Der wichtigste Mensch ist immer der, mit dem wir »jetzt« gerade zusammen sind. Wir können nur dann ein wirkliches Gespräch führen, wenn unser Gegenüber – ganz gleich, wer es ist – für uns zu diesem Zeitpunkt der wichtigste Mensch der Welt ist. Der andere spürt das. Er reagiert darauf. Wenn wir etwa im Geschäftsleben einen potenziellen Kunden so behandeln, als sei er in diesem Augenblick der wichtigste Mensch, würden sich unsere Umsätze vergrößern. Sind wir mit uns allein, dann sind wir natürlich selbst der wichtigste Mensch, dem wir Wohlwollen und Wertschätzung entgegenbringen.

8

3. Der wichtigste Mensch führt uns schließlich auch zu der wichtigsten Sache, die zu tun ist: Es ist wohlwollendes, mitfühlendes und verantwortungsbewusstes Handeln. Dazu gehört, dass wir mit uns und anderen behutsam zu Werke gehen und die Dinge, die wir zu tun haben, die Aufgaben, die uns das Leben stellt, mit Hingabe, Liebe und verantwortungsvoller Sorgfalt erledigen.

Je öfter wir uns selbst die drei Fragen des Kaisers stellen, desto mehr innere Stärke gewinnen wir, da unsere innere Orientierung für den »Sinn« unseres Wirkens und Lebens geschärft wird.

Keine Zeit verschwenden

Um sich den Fragen immer und immer wieder bewusst zu stellen, ist es von Bedeutung, uns stärker in der Gegenwart zu verankern und zu erkennen, was uns letztlich davon abhält, die Antworten auf diese Fragen zu suchen und umzusetzen. Zum einen sind das die Gedankenschleifen und Störgefühle, die uns unnützerweise beschäftigen. In den Kapiteln 3 und 4 finden Sie Hinweise, wie Sie lernen können, diese anhaftenden »Ruhestörer« loszulassen.

Darüber hinaus beschäftigen wir uns nur allzu gern und häufig mit unwichtigen Tätigkeiten. So schön Zerstreuung in gewissem Maße auch sein kann, letztlich lenkt sie uns doch nur vom Wesentlichen ab. In diesem Zusammenhang ist es schließlich auch noch wichtig zu überprüfen, ob man sich nicht auch allzu viele Verpflichtungen aufgeladen hat und ob man nicht auch hier Ballast abwerfen kann.

Klare Ziele setzen ohne Verbissenheit

Wenn wir wissen, was uns wirklich wichtig ist, können wir uns auch klare Ziele setzen. Das wiederum ist von Belang, weil nur klar formulierte Ziele sich auch erreichen lassen. Alles Schwammige gleitet uns

ÜBUNG

aus den Händen. Klare Ziele tragen zu unserer inneren Stärke bei, denn zu wissen, was man will, gibt uns ein Gefühl von Identität und Sicherheit. Natürlich ist es auch hier wieder wichtig, dass wir ergebnisoffen bleiben und Ziele auch verwerfen oder modifizieren, wenn sie sich als falsch erweisen. Damit das nicht zu oft passiert, sollten Sie bei Ihren Zielsetzungen darauf achten, dass sie realistisch sind und ausreichend viele Freiräume für flexible Gestaltungen lassen. Und überprüfen Sie von Zeit zu Zeit die Aktualität Ihrer Ziele. Halten Sie nicht an ihnen fest, wenn sie überholt sind. Und unterteilen Sie den Weg zum Ziel am besten in konkrete Schritte, beziehungsweise stecken Sie sich Teilziele. Das führt zu Erfolgserlebnissen, selbst wenn das Projekt am Ende doch scheitern sollte!

Hören Sie auf Ihr Bauchgefühl, es wird Ihnen Hinweise geben, wann für welchen Schritt der richtige Zeitpunkt gekommen ist. Bleiben Sie aber nicht untätig, sondern planen Sie sinnvoll mit zeitlichen Puffern. So bleiben Sie flexibel und vermeiden Druck und Verbissenheit.

8

Wie aus Krisen Chancen werden

9

→ Oft jagen wir dem (vermeintlich) großen Glück hinterher und vergessen dabei, die vielen kleinen glücklichen Momente zu genießen. Und wir lassen uns leicht von schwierigen Situationen aus der Bahn werfen, statt sie (auch) als Möglichkeit zu innerem Wachstum zu sehen. Mithilfe des Leitsatzes: *Ich entwickle innere Stärke, indem ich annehme, was geschieht,* können wir glücklichere, stabilere Menschen werden.

Morgen werde ich glücklich sein

Ein Junge stand kurz vor dem Schulabschluss. Seine Eltern und Lehrer emp-fahlen ihm, das Fußballspielen an den Wochenenden ausfallen zu lassen und stattdessen fleißig zu lernen. Sie erklärten ihm, wie wichtig der Abschluss sei und dass er glücklich sein würde, wenn er ihn geschafft habe. Er folgte dem Rat und bestand die Prüfung. Aber das machte ihn nicht glücklich. Dann sollte er für einen noch höheren Abschluss ackern und nicht mehr ausgehen. Der höhere Abschluss sei eine Fahrkarte zum Glück. Er folgte dem Rat, bestand die Prüfung, aber es machte ihn nicht glücklich. Nun sollte er sich ausschließlich seinen Studienfächern widmen. Was würde er glücklich sein, wenn er das Studium erst geschafft habe!

Der junge Mann wurde misstrauisch und fing an, die Menschen zu beobach-ten: Sie arbeiteten schwer, schließlich wollten sie Geld verdienen, um sich ein Auto oder eine Wohnung leisten zu können, was sie bestimmt glücklich machen würde. Und wenn sie erst verheiratet wären, würden sie richtig glück-lich sein, und wenn Sie erst die Hypotheken abbezahlt und genügend Geld für den Ruhestand zurückgelegt hätten … Noch vor dem Ruhestand wurden sie religiös – damit sie wenigstens nach ihrem Tod glücklich sein würden.

Ganz im **Hier** und **Jetzt** leben

Das Leben findet genau jetzt statt, und zwar nur jetzt. Mit diesem Thema haben wir uns bereits im vorigen Kapitel beschäftigt, wo es um unseren Umgang mit der Zeit ging. Es ist aber ein zentrales Thema, wenn wir mit dem Shaolin-Geistestraining zu innerer Stärke finden wollen und wenn wir mithilfe dieser inneren Stärke auch gut mit den Krisen des Lebens umgehen wollen. Deshalb sei hier noch einmal deutlich darauf hingewiesen: Das, was bis jetzt passiert ist, gehört der Vergangenheit an. Und das, was gleich passieren wird, ist schon Zukunftsmusik. Das Leben findet aber in der Gegenwart, im Hier und Jetzt statt.

Leider gelingt es uns nur sehr selten, uns nicht in erster Linie mit der Vergangenheit und vor allem mit unserer Zukunft zu beschäftigen. Oft hängen wir an dem, was früher war, weil wir bestimmte Erlebnisse nicht loslassen können oder gewisse Dinge nicht erledigt haben. Oder wir verschieben – wie die Menschen in der Geschichte »Morgen werde ich glücklich sein« – unser Leben in Gedanken auf einen späteren Zeitpunkt. Aber das macht uns schwach im Umgang mit unserem Leben, es entzieht uns die Kontrolle über unser eigenes Dasein. Nur wenn wir aufmerksam sind für das, was gerade passiert, und es bereitwillig annehmen, können wir auch – weitgehend – Herr über uns selbst sein. Das ermöglicht uns einerseits, dem Glück tatsächlich ein Stück näher zu kommen, aber auch, mit dem Unglück unseren Frieden zu machen.

Ganz im Hier und Jetzt zu leben, bedeutet also anzunehmen, was im Moment nicht zu ändern ist (sich aber ohnehin wieder ändert, da alles im Fluss ist). Das gilt für gute wie ungute Gefühle, positive wie negative Gedanken, angenehme wie unangenehme Situationen.

9

Was uns vom
Augenblick entfernt

Es sind unsere Gedanken, die uns in die Vergangenheit oder in die
Zukunft ziehen und verhindern, dass wir ganz im Hier und Jetzt leben.
Gedanklich können wir Geschehenes analysieren und bewerten und
noch Ungeschehenes planen. Den gegenwärtigen Moment dagegen
können wir nur über unsere Sinne wahrnehmen, über Gerüche, Ge-
schmäcker, optische und akustische Eindrücke sowie unseren Tast-
sinn. (Auch alle unsere Erfahrungen gründen auf Sinneseindrücken.
Sie sind eine Kombination aus sinnlichen Wahrnehmungen und der
daraus sich ableitenden Gedanken und Gefühle.) Die Aneinander-
reihung gegenwärtiger Momente ist das Leben selbst, sie machen das
Leben aus. Am besten können Sie ein Gefühl für die Momente über
Ihre Atmung entwickeln: Der Atemzug, den Sie gerade machen, das
Einatmen oder das Ausatmen, auch die kleine Atempause dazwischen,
das ist der Moment, das ist hier und jetzt – kurz, einmalig, denn jeden
Atemzug machen Sie nur einmal in Ihrem Leben.

Stammesgeschichtlich hängt das gedankliche Abschweifen vom Augenblick
damit zusammen, dass unsere Vorfahren in Lebensräumen mit schwan-
kenden Temperaturen und unregelmäßigen Regenfällen ein gewisses
Maß an Vorsorge treffen mussten, um auch die kalten und trockenen
Zeiten des Jahres überstehen zu können. Das heißt, sie mussten voraus-
denken und planen. Gedankliches Abschweifen in die Vergangenheit
begründet sich stammesgeschichtlich aus der Notwendigkeit heraus,
aus Fehlern zu lernen. Lief etwas schief, war es vorteilhaft, das zu analysieren, zu reflektieren und verändertes Handeln daraus abzuleiten. Dieses vorausschauende und rückblickende Denken ist ein wichtiger Über-
lebensmechanismus, der sich allerdings zum Selbstläufer entwickelt hat.
Denn das unbewusste, stetige Denken in der Zukunft oder Vergangen-

ÜBUNG

Innehalten

Versuchen Sie immer wieder, vor allem auch im Alltag, kurz innezuhalten, sich Ihrer selbst, Ihres momentanen Seins (Ihres Denkens, Fühlens und Handelns) bewusst zu werden. Lassen Sie sich dazu mehrmals am Tag durch den Signalton Ihrer Uhr an das Innehalten erinnern. Nehmen Sie vier tiefe, genüssliche Atemzüge und nehmen Sie diese bewusst wahr. Danach geht es weiter mit den Alltagshandlungen. Diese Übung ist besonders bei aufkommenden Störgefühlen, etwa im Anfangsstadium eines Konflikts, äußerst wertvoll, denn sie kann die unbewusstnegativen Reaktionsschleifen des Bewusstseinsrades unterbrechen.

heit verhindert, dass wir bewusst im Moment leben – und das Leben dadurch oft verpassen. Deshalb ist die Kontrolle der Gedanken von so großer Bedeutung (siehe dazu Kapitel 3).

Die fünf Hindernisse

Um die wichtige »Gedankenhygiene« zu betreiben, müssen wir aber erst einmal den inneren Schweinehund, oder, wie es die Buddhisten, auch die der Shaolin-Tradition, nennen, die fünf Hindernisse überwinden.

1. DIE TRÄGHEIT: Unsere Trägheit verhindert, dass wir gewonnene Einsichten auch umsetzen: Obwohl wir wissen, dass wir immer wieder trainieren müssten, um bewusst zu leben und kontrolliert zu denken, bleiben wir lieber in unserem bequemen Sessel sitzen und träumen weiter. Doch solange eine Erkenntnis im Kopf stecken bleibt, verändert sie unser Leben nicht!

2. DIE RASTLOSIGKEIT: Sie hindert uns daran, zur Ruhe zu kommen. Vor allem Menschen, die besonders eifrig und sehr beschäftigt sind,

9

können nicht mehr aus ihrem Hamsterrad aussteigen und sich gelassen im Moment niederlassen, auf den gegenwärtigen Moment konzentrieren. Ihnen schwirren tausend Sachen im Kopf herum, und sie sind vornehmlich damit beschäftigt, was sie noch alles erledigen müssen.

3. DER ZWEIFEL: Er hindert uns daran, unsere Übungen zu machen, weil wir entweder daran zweifeln, dass Zufriedenheit und Glück, sollen sie nachhaltig und intensiv sein, eher durch Geistestraining zu erreichen sind als durch Sinnesbefriedigung. Der Zweifel lässt uns dann doch lieber fernsehen oder zum Kühlschrank laufen, statt regelmäßig unser Geistestraining zu praktizieren. So bekommen wir zwar – kurzzeitige – Befriedigung im Hier und Jetzt, aber mittel- und langfristig zieht uns dieses Verhalten Energie ab und schwächt uns. Oder wir zweifeln daran, dass wir die Selbstdisziplin eines regelmäßigen Geistestrainings jemals schaffen könnten – und geben von vornherein auf.

4. DIE BEGIERDE: Sie verleitet uns dazu, Genüssen hinterherzujagen, oder, wie es die Shaolin-Philosophie bezeichnet, den Vergnügungen – schnell ein Häppchen Schokolade hier, ein Unterhaltungsfilmchen da. Doch sobald die Schokolade gegessen, der Film zu Ende ist, ist das Gaudium vorbei – und nichts bleibt übrig, außer mehr Gewicht oder verschwendete Zeit. Diese Art, im Moment zu leben, tut uns nicht gut, denn sie lenkt uns nur von uns selbst ab, statt uns zu uns hinzuführen. Hier geht es um Sucht – schon kurze Zeit später verlangt es uns nach dem nächsten Genuss –, und das Hindernis Rastlosigkeit lässt nicht lange auf sich warten.

5. DIE ABLEHNUNG: Auch sie lenkt uns davon ab, ganz im Hier und Jetzt zu sein. Entsprechen nämlich Entwicklungen oder Dinge nicht unseren Erwartungen oder tut jemand etwas, das wir nicht wollen, entspricht das Wetter oder das Fernsehprogramm nicht unseren Vorstellungen, dann können wir uns oft deshalb nicht auf den Moment konzentrieren, weil wir unsere Energie und Zeit damit vertun, all

diese Unerfreulichkeiten innerlich abzuwehren, sprich, uns darüber zu ärgern.

Durch ein gesteigertes Bewusstsein mittels Geistestraining und einen starken Fokus darauf, den Hindernissen auf die Spur kommen zu wollen, können wir besser mit diesen umgehen. Auch die Unterstützung von Gleichgesinnten ist hilfreich, indem wir diese in unsere Absichten einbinden und sie um Feedback bitten, wenn sie Hindernisse, wie etwa Ablehnung, bei uns beobachten. Trägheit können wir mit Selbstdisziplin (siehe Seite 89) überwinden, indem wir wirklich regelmäßig die Übungen durchführen, die wir uns vorgenommen haben. Sind wir rastlos, können wir unsere Einsicht und unsere Erfahrung dagegensetzen, weil wir wissen, dass es uns guttun wird, wenn wir regelmäßig Meditation trainieren. Garantiert werden wir alsbald einen positiven Effekt spüren. Damit können wir auch der aufkommenden Begierde begegnen: sie wahrnehmen, aber ihr nicht automatisch nachgeben. Das Vergnügen sollte für uns ein Genussmittel sein, das wir ab und zu, nach freier Entscheidung genießen, aber nicht ständig zwanghaft genießen müssen. Die Ablehnung können wir ausschalten, wenn wir sie genau ansehen, erforschen, was sie über uns aussagt, was wir über uns erfahren können. Und wenn wir das erkennen und annehmen, können wir sie leichter loslassen, und sie verschwindet.

Auf die lange Bank schieben

Im Buddhismus und der Shaolin-Tradition geht es zwar darum, im Hier und Jetzt zu leben. Das bedeutet aber nicht, dass Vergangenes permanent ausgeblendet werden soll. Solange es noch nicht abgeschlossen ist, sollten wir es vielmehr zum Abschluss bringen. Steht beispielsweise noch eine Versöhnung mit jemandem aus oder haben wir uns für ein böses Wort noch nicht entschuldigt, sollten wir genau das hier und jetzt tun, um uns von vergangener Last zu befreien.

9

Ähnliches gilt auch für die Zukunft: Was du heute kannst besorgen, das verschiebe nicht auf morgen. Wollen wir schon lange jemanden anrufen, der uns wichtig ist, den wir treffen wollen, dann sollten wir das nicht vor uns her schieben, sondern heute, gleich jetzt erledigen oder es zumindest in die Wege leiten und einen Termin vereinbaren. Auch den oft verschobenen Besuch bei unserer Oma im Altenheim können wir heute erledigen. Am nächsten Wochenende reicht natürlich auch, aber vielleicht gibt es ja kein nächstes Wochenende für die Oma. Vielleicht ist es morgen schon zu spät, »Danke« zu sagen oder »Ich liebe dich«. Ziel ist es, nichts offen zu lassen, was wirklich wichtig ist (siehe dazu auch Kapitel 8), egal, ob es sich um etwas Versäumtes oder um etwas Aufgeschobenes handelt. Die unwichtigen Angelegenheiten dürfen dagegen auch mal liegen bleiben: Die E-Mails, der Abwasch, die Bügelwäsche – das alles läuft uns bestimmt nicht weg, wenn wir die Oma besuchen oder einen lieben Freund treffen. Oder wollen wir wirklich jemand sein, der ein super organisiertes Büro und einen perfekt geführten Haushalt vorzuweisen hat, dafür aber seine wichtigsten Mitmenschen vernachlässigt?

Das Handeln nach der Devise »Was du heute kannst besorgen, das verschiebe nicht auf morgen« hat den entscheidenden Vorteil, dass unser Kopf frei wird, um achtsam und präsent für den Augenblick zu sein. All die unerledigten Dinge, die uns im Kopf herumschwirren, das schlechte Gewissen, die ungeklärten Fragen sind lästige, bisweilen ganz massive Störenfriede, die unseren Blick vom Wesentlichen ablenken.

Halbherzig bei der Sache sein

Alle Menschen, selbst Folterknechte oder Mörder, möchten glücklich und zufrieden sein, möchten Liebe empfinden und für andere da sein. Dieses innerste Bedürfnis nach Zugehörigkeit eint alle Menschen. Und diesen Wunsch können wir am ehesten in die Tat umsetzen, wenn es uns gelingt, ganz in der Gegenwart zu leben, die Dinge wohlwollend und hingebungsvoll zu tun, wie es die Shaolin-Philosophie lehrt, egal, ob es das Zähneputzen ist oder das intensive Zuhören in einem Gespräch. Wir können uns jederzeit bemühen, mit ganzem Herzen bei der Sache zu sein, uns dem gegenwärtigen Moment, einem Menschen, einer Tätigkeit vollkommen zu widmen. Die vier Kernleitfragen aus der nachfolgenden Übung oder die drei Fragen des Kaisers (siehe Seite 137–138) sind dabei ein ausgezeichneter Leitfaden. Wir können jeden Moment damit beginnen, genau hinzuschauen und zu spüren, was in uns vorgeht, die Bewusstheit zu trainieren und über regelmäßiges Üben zu kultivieren, und zwar so oft wie möglich, auch im Alltag.

ÜBUNG

Die vier Kernleitfragen für den Alltag

Stellen Sie sich folgende Fragen und versuchen Sie, jeweils eine Antwort darauf zu finden. Am besten wirken die ersten beiden Fragen morgens, vor dem Start in den Tag, nach den Morgenübungen. Die beiden letzten Fragen verhelfen zu einem guten, runden Tagesabschluss. Die Fragen und Antworten unterstützen uns, unseren inneren Kompass auf die für uns wichtigen Dinge des Lebens auszurichten, und schaffen so Orientierung, Klarheit und innere Stärke:

1. Frage: »Was ist heute für mich wirklich wichtig, und was kann ich weglassen?«

2. Frage: »Wie genau sorge ich heute für mich und für meine Gegenwärtigkeit, und wie genau bin ich heute gut zu anderen?«

3. Frage: »Wo war ich heute großzügig, und wo war ich dankbar?«

4. Frage: »Wie habe ich heute in einer schwierigen Situation reagiert, und wie hätte ich (besser) reagieren können (im Sinne einer wohlwollenden, liebevollen Gelassenheit mit mir und mit anderen)?

9

Annehmen,
was nicht zu ändern ist

Immer wieder durchleben wir in unserem Leben kleinere und größere Krisen, die uns besonders viel Energie und Achtsamkeit abverlangen. Sei es im Beruf, in der Partnerschaft oder bezüglich der Gesundheit. Wir haben Kopfschmerzen, der Sohn hat sich beim Sport verletzt und muss abgeholt werden, der Partner kommt wieder mal später aus dem Büro, und zu allem Überfluss braucht die Schwiegermutter Trost, weil der Kanarienvogel gestorben ist … und wir kriegen die Krise. Wirklich schlimm wird es, wenn wir zum Beispiel erfahren, dass wir selbst oder eine nahestehende Person eine schwere Krankheit hat, dass die Partnerin fremdgeht oder unser geliebter Job wegrationalisiert werden soll. Diese Krisen können uns regelrecht »aus der Bahn werfen«, vor allem, wenn wir sie abwehren und nicht versuchen, aus ihnen das Beste zu machen.

In jedem Fall – ob der alltägliche Wahnsinn oder schweres Leid – ist es hilfreicher, das Unglück anzunehmen, um es irgendwann auch loslassen zu können. Wenn wir uns dagegen wehren, kostet das wesentlich mehr Kraft, und es bleibt umso länger an uns haften.

Die Krise als Wendepunkt

In der chinesischen Sprache gibt es den Begriff »Wai Chi«, was sowohl Krise als auch Chance bedeutet. Die Chinesen unterscheiden also nicht zwischen Krise und Chance – wie übrigens auch die Griechen: Das Wort »krisis« bedeutet »Wendepunkt« einer schwierigen Situation. »Krise« beinhaltet also nicht nur den Zustand, in dem sich jemand befindet, sondern zugleich den Hinweis auf zukünftige Möglichkeiten.

Zentral ist also wiederum die Bewertung dessen, was uns passiert ist, und nicht die Begebenheit an sich. In der chinesischen Tradition ist dieses Denken tief verwurzelt: Egal wie schlimm manche Dinge zu sein scheinen, es steckt immer auch eine Chance darin – wie in der Geschichte mit den zwei mangelhaften Backsteinen auf Seite 80, die zwar nicht so gut wie die anderen sitzen, aber die anderen wären auch nicht so gut ohne sie. Erst durch diese Gegensätze wird die Balance von Yin und Yang (siehe Seite 135) hergestellt, das Bewusstsein von gut und schlecht, hell und dunkel, süß und sauer. Sind wir krank, wissen wir Gesundheit erst wirklich zu schätzen. Chancen werden erst durch Krisen zu Chancen, Glück wird erst durch Leid zu Glück. Wenn uns diese Wechselseitigkeit bewusst ist, können wir das Leben viel besser annehmen und uns gelassener auf den Moment einlassen.

>> Krise ist ein **produktiver Zustand.**
Man muss ihr nur
den Beigeschmack der **Katastrophe** nehmen. <<

[Max Frisch]

Selbst in besonders schweren Krisen, wenn beispielsweise ein geliebter Mensch gestorben ist, kann es uns gelingen, die Trauer anzunehmen, unsere Gefühle zu akzeptieren – immer in dem Wissen, es ist jetzt so, aber es wird auch wieder anders sein. Vielleicht haben Sie auch schon einmal beobachten können, was geschieht, wenn von einem alten Ehepaar ein Partner stirbt. Nehmen wir an, es ist der Großvater. Seine Familie wird sehr um ihn trauern, und die zurückgelassene Großmutter ist schier am Verzweifeln: Ihr Mann ist gestorben, was soll sie nur machen? Das Leben scheint stillzustehen. Doch schließlich können

9

wir beobachten, wie ihre Verzweiflung und Trauer mit der Zeit weniger werden. Ja, es kann sogar passieren, dass die Oma nach einigen Monaten regelrecht aufblüht. Denn für sie besteht nun die Chance, aus einer engen Symbiose, aus einer Zeit, in der der Mann das Sagen hatte, als gestärkte, selbstbewusste, fröhliche Frau hervorzugehen und sich zu befreien. Solche Begebenheiten können uns zeigen, dass selbst einer tiefen seelischen Not eine unerwartet gute Zeit folgen kann.

Die schwerste Krise: der Tod

Entscheidend ist, dass wir in wirklich schwierigen Situationen und Krisen nicht versuchen, die Schmerzen zu verdrängen, sondern sie annehmen. Nur dann gelingt es, einen schweren Schlag als Wendepunkt für wieder bessere Zeiten zu nutzen. Dabei hilft eine Übung, die Sie schon kennengelernt haben (siehe Seite 68) und die erfolgreich in der Trauerarbeit angewendet wird. Wie andere Gefühle kann man auch die Trauer bewusst abarbeiten, indem man beim Einatmen das momentane Gefühl gedanklich benennt, zum Beispiel: »Da ist Trauer«, und beim Ausatmen benennt man es gedanklich erneut: »Da ist Trauer.« So wird die Übung immer weiter fortgesetzt, was verhindert, dass ständig neue negative Gedanken, neue negative Gefühle erschaffen werden. Es wird bei einem schweren Verlust und den dazugehörigen starken Emotionen (Schmerz, Angst) vielleicht etwas länger dauern, bis die intensiven Gefühle »verstoffwechselt« sind. Aber das Prinzip ist dasselbe, wie beim kleinen Alltagsärger.

Zusätzlich können wir auch versuchen, die Kraft der Imagination zu nutzen und gezielt an etwas anderes denken. Am besten eignen sich dazu die Kernressourcen-Gefühle (siehe Seite 69–73) oder kraftvolle Sätze aus der Metta-Meditation (siehe Seite 77). So setzen wir dem großen Gefühl ein anderes großes Gefühl entgegen, ohne Ersteres zu verdrängen. Allerdings: Ein derartiges Vorgehen in schwierigen Situationen funktioniert meist nur dann, wenn wir die Aktivierung der Kernressourcen-Gefühle oder die Metta-Meditation – also ein gewisses Geistestraining – bereits längere Zeit regelmäßig geübt und schon intensiv praktiziert haben. Auch hier macht die Übung den Meister; sie lohnt sich allerdings, denn früher oder später geraten wir alle in eine mehr oder weniger schwere Krise. Mit den Shaolin-Methoden, können wir den Schmerz mehr und mehr annehmen, und das Gefühl wird dadurch mit der Zeit verarbeitet. Das heißt, wir können auf eine gesunde und natürliche Weise das Loslassen fördern, indem wir nicht alles der Zeit überlassen, die Wunden heilt, sondern unsere Heilung selbst und bewusst in die Hand nehmen .

> Nicht den **Tod** sollte man fürchten,
> sondern dass man **nie beginnen** wird,
> zu **leben.**

[Mark Aurel]

Auch bei unserer Angst vor dem Tod hilft uns das Shaolin-Training. Zwar haben wir die Gewissheit, dass alle Menschen irgendwann sterben, intellektuell begriffen. Doch meist scheuen wir davor zurück, uns weiter damit auseinanderzusetzen. Doch gerade wenn wir das tun, können wir die Angst verlieren. So können wir zum Beispiel in Imaginationsübungen den Tod als Teil des Lebenskreislaufs stärker verinnerlichen. Dabei merken wir dann, dass diese Vorstellung nichts Beängstigendes (mehr) hat, sondern lediglich ein Teil des ewigen Kommens und Gehens ist. Da alles beständig im Wandel ist und nichts aus sich selbst heraus existiert, sondern alles mit allem verbunden ist (siehe Kapitel 8), geht es folglich auch nach dem Tod weiter.

Der beste Ratgeber für das Leben

Die Shaolin-Philosophie kennt wie andere Kulturen die Idee vom Tod als Ratgeber. Vergegenwärtigen Sie sich noch einmal das Bewusstseinsrad, das Sie schon auf Seite 23 kennengelernt haben. Sie wissen, die Werte und Einstellungen sind die zentrale Stelle, an der wir ansetzen und etwas verändern können, bevor unsere Gefühle ins Spiel kommen. Sie können nun bei größeren und kleineren Krisen das Rad kurzfristig anhalten und die Vorstellung vom »Ratgeber Tod« nutzen. Setzen Sie dann die jetzige Situation, das momentane Problem oder die aktuelle Krise in Relation zu Ihrem oder dem Tod eines geliebten Menschen. Stellen Sie sich diese wohl größte aller Krisen vor – und Sie werden vermutlich merken, wie Ihr momentanes Problem an Bedeutung und damit auch an Negativbewertung, an Krisenhaftigkeit verliert. Denn: »Der Gedanke an die Vergänglichkeit aller irdischen Dinge ist ein Quell unendlichen Leids *und* ein Quell unendlichen Trostes.« (Marie von Ebner-Eschenbach, *Hervorhebung vom Verfasser*)

Der eigene Tod ist nicht nur ein hilfreicher Krisenmanager. Er kann uns auch sehr gut dazu dienen, unser Leben zu reflektieren, das heißt, immer wieder einmal zu überprüfen, ob wir uns wirklich mit den wesentlichen Dingen des Lebens beschäftigen und ob wir uns wirklich weitgehend bewusst darüber sind, was wir eigentlich die ganze Zeit so treiben. Eine hilfreiche Übung ist in diesem Zusammenhang – auch wenn sie Ihnen im ersten Moment makaber erscheinen mag – die eigene Grabrede oder der eigene Nachruf (siehe gegenüberliegende Seite).

Mit dieser Übung kommen wir wieder zurück an den Anfang des Buches, ja mehr noch, sie enthält im Prinzip alle Shaolin-Weisheiten, die Sie im Lauf der Lektüre kennengelernt haben: Es geht um Achtsamkeit und die Kunst des Loslassens, um eine klare Selbstbewusstheit und einen stärkenden Umgang mit Gedanken, Wertungen und Gefühlen, um den Umgang mit unseren Mitmenschen und auch um den richtigen Zeitpunkt. Und schließlich ist natürlich auch – solange wir leben – unser Körper von Bedeutung.

Wenn Ihnen die Übung »Grabrede« nicht gleich gelingen mag, können Sie also immer wieder auf die Übungen in den vorhergehenden Kapiteln zurückgreifen.

Nicht zuletzt erinnert die Übung uns daran, dass alles, auch das Schlimmste, dazu beitragen kann, dass wir innerlich stark werden. Denken Sie daran: »Wenn man alles, was einem begegnet, als Möglichkeit zu innerem Wachstum ansieht, gewinnt man innere Stärke.« So heißt es bei dem Meditationsmeister Milarepa.

ÜBUNG

Die eigene Grabrede

→ Verfassen Sie einen Nachruf auf sich selbst. Sinn der Übung ist herauszufinden, was man gerne bei der eigenen Beerdigung über sich hören möchte. Wahrscheinlich kaum, »wäre besser noch ein bisschen länger im Büro geblieben« oder »hätte sein Haus besser aufräumen sollen« oder »hätte mehr Geld auf dem Konto anhäufen können«. Meistens möchten wir doch in Erinnerung bleiben mit Eigenschaften wie, »ist liebevoll und mitfühlend«, »hat sich intensiv um die Familie gekümmert«, »war ein guter Freund und verlässlicher Kollege«.

→ Vergleichen Sie dann die Rede mit Ihrem alltäglichen Handeln und halten Sie fest, was Sie ändern wollen, damit Sie dem Ideal in Ihrem Nachruf näher kommen. Am besten gelingt Ihnen der zweite Schritt mit einer zweiten Grabrede, in der Sie ehrlich schreiben, wie sie wohl im Augenblick ausfallen würde.

9

Bücher und Adressen, die weiterhelfen

Bücher

Brahm, Ajahn: *Die Kuh, die weinte.* Lotos
Die Geschichten in den Kapiteln 4, 5, 6, 7 und 9 stammen aus diesem Buch. Sie sind hier gekürzt und sinngemäß wiedergegeben.

Cheung, Awai: *Die Qi-Formel. Die fünf Geheimnisse der inneren Zufriedenheit.* GRÄFE UND UNZER

Chödrön, Pema: *Den Sprung wagen – wie wir uns von destruktiven Gewohnheiten und Ängsten befreien.* Goldmann

Csikszentmihalyi, Mihaly: *Flow. Das Geheimnis des Glücks.* Klett-Cotta

Eßwein, Jan: *Achtsamkeitstraining.* GRÄFE UND UNZER

Gunaratana, Mahathera H.: *Die Praxis der Achtsamkeit. Eine Einführung in die Vipassana-Meditation.* Kristkeitz

Gunaratana, Mahathera H.: *Von der Achtsamkeit zur Sammlung. Eine Einführung in die tieferen Stadien der Meditation.* Kristkeitz

Hinterthür, Petra: *Qigong nach den Fünf Elementen.* GRÄFE UND UNZER

Kabat-Zinn, Jon: *Achtsamkeit für Anfänger.* Arbor

Kabat-Zinn, Jon: *Zur Besinnung kommen. Die Weisheit der Sinne und der Sinn der Achtsamkeit in einer aus den Fugen geratenen Welt.* Arbor

Levine, Noah: *Gegen den Strom. Ein buddhistisches Handbuch für spirituelle Revolutionäre.* Kamphausen

Mannschatz, Marie: *Buddhas Anleitung zum Glücklichsein.* GRÄFE UND UNZER

Mannschatz, Marie: *Meditation. Mehr Klarheit und innere Ruhe.* GRÄFE UND UNZER

Mertens, Wilhelm & Oberlack, Helmut: *Qigong.* GRÄFE UND UNZER

Ricard, Matthieu: *Glück.* Nymphenburger

Seligmann, Martin: *Der Glücksfaktor: warum Optimisten länger leben.* Ehrenwirt

Sheng Yen (Chan-Meister): *Fußspuren im Schnee.* Kamphausen

Tolle, Eckhart: *Jetzt! Die Kraft der Gegenwart.* Kamphausen

Adressen und Links Deutschland

Für Kurse im Sinne des Buches mit Shi Yan Bao und Dr. Thomas Späth:
www.thomas-spaeth.de

Für Kurse mit Schwerpunkt auf die körperlichen Aspekte, v. a. zu Kung Fu und Qigong:
Shaolin-Academy von Shi Yan Bao, Bundesallee 87-88 (Haus 11), 12161 Berlin
www.ShaolinAcademy.de

Ein sehr gutes Meditationszentrum:
Waldhaus am Laacher See, Heimschule 1,
56645 Nickenich
www.buddhismus-im-westen.de

Dachverband der Buddhisten und buddhistischen Gemeinschaften in Deutschland; vermittelt Basisinformationen und Kontakte:
Deutsche buddhistische Union, Amalienstraße 71, 80799 München
www.dharma.de

*Adressen von MBSR-Lehrern
in Deutschland, Österreich
und der Schweiz:*
MBSR-Verband (Mindfull-
ness Based Stress Reduction/
Stressbewältigung durch
Übungen der Achtsamkeit),
Muthesiusstraße 6,
12163 Berlin
www.mbsr-verband.org

Ausbildung:
DAF (Deutsches Ausbil-
dungsinstitut für Focussing
und Focussing-Therapie),
Ludwigstraße 8a,
97070 Würzburg
www.daf-focusing.de

Adressen und Links Österreich

*In dieser Gesellschaft sind
23 Orden, Dharmagruppen
und buddhistische Institute
aller Richtungen des Buddhismus vereint; bietet Information und Kontakte:*
Österreichische Buddhistische Religionsgesellschaft,
Fleischmarkt 16, 1010 Wien
www.buddhismus-austria.at

Buddhistisches Meditationszentrum Scheibbs,
Ginselberg 12,
3270 Scheibbs/Neustift
www.bzs.at

Adressen und Links Schweiz

*Dachverband der Buddhisten
und buddhistischen Gemeinschaften in der Schweiz; bietet
u. a. Information über Veran-
staltungen und Kontakte zu
Gruppen:*
Schweizerische Buddhisti-
sche Union, Dr. Martin Klaff,
Hinterzünen 8,
8702 Zollikon
www.sbu.net

*Für hervorragende Kurse zu
Meditation (Geistestraining)*
Meditationszentrum
Beatenberg,
3802 Beatenberg-Waldegg
www.karuna.ch

MBSR ,Verband-Schweiz
www.mbsr-verband.ch

Zeitschriften

buddhismus aktuell
Amalienstraße 71,
80799 München
www.buddhismus-aktuell.de

Ursache & Wirkung,
Buddhistische Zeitschrift
Heinestraße 14/8,
1020 Wien
www.ursache.at

Meditationsbedarf

Bausinger GmbH
Hauptstraße 12,
72479 Straßberg-Kaiseringen
www.bausinger.de

klang & stille GmbH
Rosenauweg 22,
91346 Markt Wiesenttal
www.klang-stille.de

Register

Impressum

© 2011 GRÄFE UND UNZER VERLAG GmbH, München.
Alle Rechte vorbehalten. Nachdruck, auch auszugsweise, sowie Verbreitung durch Bild, Funk, Fernsehen, Internet, durch fotomechanische Wiedergabe, Tonträger und Datenverarbeitungssysteme jeder Art nur mit schriftlicher Genehmigung des Verlages.

Projektleitung
Ilona Daiker

Lektorat
Ulrike Auras

Bildredaktion
Petra Ender

Covergestaltung
Independent Medien-Design, München

Innenlayout
Independent Medien-Design, München

Satz und Gestaltung
Uhl + Massopust, Aalen

Herstellung
Susanne Mühldorfer

Repro
Longo AG, Bozen

Druck & Bindung
Druckhaus Kaufmann, Lahr

ISBN 978-3-8338-0378-9
4. Auflage 2012

Wichtiger Hinweis

Die Ratschläge zur Selbstbehandlung in diesem Buch sind von den Autoren und vom Verlag sorgfältig erwogen und geprüft. Dennoch kann eine Garantie nicht übernommen werden. Sie brauchen psychotherapeutische Hilfe, wenn Sie sich durch die Übungen von Emotionen oder Erinnerungen überwältigt fühlen. Bei ernsthafteren und/oder länger anhaltenden Beschwerden sollten Sie auf jeden Fall einen Arzt oder Heilpraktiker Ihres Vertrauens zurate ziehen. Eine Haftung der Autoren und des Verlages für Personen-, Sach- und Vermögensschäden ist ausgeschlossen.

Bildnachweis

Agefotostock: Seite 79, 113; Alamy: Seite 33, 45; Anzenberger: Seite 141; Corbis: Seite 61; Fotosearch: Seite 7; Getty: Umschlag vorne; Golden Section Graphics: Seite 13, 20, 23; Look: Seite 125; Johannes Rodach: Seite 95, 102, 103, 104, Klappe hinten außen

Umwelthinweis

Dieses Buch ist auf PEFC-zertifiziertem Papier aus nachhaltiger Waldwirtschaft gedruckt. Um Rohstoffe zu sparen, haben wir auf Folienverpackung verzichtet.

GRÄFE UND UNZER

Ein Unternehmen der
GANSKE VERLAGSGRUPPE

DAS ORIGINAL · MIT GARANTIE

Unsere Garantie

Alle Informationen in diesem Ratgeber sind sorgfältig und gewissenhaft geprüft. Sollte dennoch einmal ein Fehler enthalten sein, schicken Sie uns das Buch mit dem entsprechenden Hinweis an unseren Leserservice zurück. Wir tauschen Ihnen den GU-Ratgeber gegen einen anderen zum gleichen oder ähnlichen Thema um.

Liebe Leserin und lieber Leser,

wir freuen uns, dass Sie sich für ein GU-Buch entschieden haben. Mit Ihrem Kauf setzen Sie auf die Qualität, Kompetenz und Aktualität unserer Ratgeber. Dafür sagen wir Danke! Wir wollen als führender Ratgeberverlag noch besser werden. Daher ist uns Ihre Meinung wichtig. Bitte senden Sie uns Ihre Anregungen, Ihre Kritik oder Ihr Lob zu unseren Büchern. Haben Sie Fragen oder benötigen Sie weiteren Rat zum Thema? Wir freuen uns auf Ihre Nachricht!

Wir sind für Sie da!
Montag–Donnerstag:
8.00–18.00 Uhr;
Freitag: 8.00–16.00 Uhr
Tel.: 0180-5005054*   *(0,14 €/Min. aus dem dt. Festnetz/
Fax: 0180-5012054*   Mobilfunkpreise
E-Mail: leserservice@   max. 0,42 €/Min.)
graefe-und-unzer.de

P.S.: Wollen Sie noch mehr Aktuelles von GU wissen, dann abonnieren Sie doch unseren kostenlosen GU-Online-Newsletter und/oder unsere kostenlosen Kundenmagazine.

GRÄFE UND UNZER VERLAG
Leserservice
Postfach 86 03 13
81630 München